培訓體驗式

活化思維的 討論技巧

夏雄武 著

從 APPLE 模型到 DDADA 流程，
剖析領導的智慧與策略

EXPERIE
TRAININ

U0068326

探索體驗式培訓的核心，成為引領體驗式培訓不可或缺的引導者
了解引導者在培訓課程中的功能和重要性

解析引導者所需具備的各種技巧
提升體驗式培訓的效果，讓學習者真正從中受益

目錄

目錄

第五章　引導討論的祕訣

第六章　引導失當行為

目錄

推薦序一

　　拜讀完夏雄武先生所寫的這本書,不得不佩服他這幾年在體驗式培訓上所下的苦功,特別是在引導提問方面用心頗多。從這本書的章節安排和理論的鋪排,就可以看到他對引導討論的技術與理論已經提升到一個得心應手的階段。

　　雖然說很多帶領體驗課程的技巧如出一轍,但事實上西方的體驗教育工作者更注重理論基礎和操作過程的系統架構,這也是我們這些自稱為體驗教育或拓展培訓的工作者要多方借鑑之處。書裡提供了很多操作實務上的系統方法及背後的理論,值得我們大家一起深入探究、分享並推廣。雖然很多的理論基礎來自美國 Project Adventure(探索教育)的系統,但是能夠將這些理論吃透、反芻,再化為文字分享給大家,已經是很不容易了,更何況書中又附帶許多雄武自己的心得回饋,更是不容易啊!值得大家細細品味。

　　引進探索教育(或冒險教育)至今,看到探索教育——體驗式學習在各地開花結果,雖然沒有桃李滿天下,但是看到有人能夠並願意著書傳承下去,著實令人欣慰。期待有著更多的體驗教育工作者將自己的學習和心得分享給更多的朋友,共同打造我們的學習天地。

廖炳煌略微分享讀後心得。

亞洲體驗教育學會理事

臺灣外展教育基金會（Outward Bound Taiwan）執行長

廖炳煌

推薦序二

　　認識夏雄武老師多年，了解他對體驗教育的真心熱愛和真情付出。他理論功底深厚，實戰經驗豐富，總結歸納嚴謹，自信、風趣、幽默，深受學生們歡迎，大家都渴望夏老師能為體驗式培訓撰寫一本專著。

　　夏老師的書稿完成時，邀我寫序，我一口氣看完了書稿，甚為欣喜！作者把國內外在體驗式培訓的研究成果透過自己的本土化實踐進行了嚴謹的總結梳理，讓體驗教育產業多了一本通俗易懂、簡潔明瞭的好書。作者把自己 15 年的體驗式培訓經歷和從業經驗進行了精心的思考歸納，讓我們培養體驗式培訓師資有了一本內容完整、針對性強的好教材。通讀全書，我們能深深地感受到作者對體驗教育事業的用心和積極推動其發展的情懷！

　　這是第一本專注於體驗式培訓之引導反思技術的專著。本書以「如何透過引導，讓體驗式培訓更有效」為導向，專注於體驗式培訓中引導的實務與運用，系統地介紹了體驗式培訓的相關理論及帶領祕訣、引導模式等內容，把體驗式培訓中引導的行為進行了邏輯化、結構化、系統化處理，讓讀者能更好地了解體驗式培訓中引導的相關資訊，幫助從業者

更好地掌握引導的關鍵技巧。本書文字精煉、脈絡清晰、內容豐富，理論和實踐結合緊密，總結與歸納科學嚴謹，每個章節都在彰顯本書的主題：引導，讓體驗式培訓更有效！

當今，體驗教育已經在眾多領域廣泛運用，體驗式培訓也一直呈現野蠻生長的態勢！「重實踐、輕理論」的短視行為，將會制約體驗教育的持續發展。可喜的是，近幾年開設體驗式培訓相關專業的大專院校越來越多，相關的研究成果不斷湧現，受過學校專業教育和訓練的從業者開始逐年增加。夏老師這本新書，對推廣體驗式培訓的科學有效運用將造成積極的作用！

楊成

推薦序三

　　從理論到實務，從商業培訓到學校課堂，從國內到國外，「體驗式培訓」作為我們彼此熟知的媒介，一直以來都是我和夏老師最關心的話題，相識多年，未曾間斷。

　　體驗式培訓的風潮興起僅是近十幾年的事情，在「體驗＋」概念的催化下其市場外延得以不斷拓展，這讓每一個置身於體驗經濟中的從業者，既覺得前景光明燦爛，卻又時常困惑於在具體實務中無所精進的窘境。體驗式培訓屬於教育培訓產業的一個細分市場，如果將它看作一個完整的生態，想要健康發展，將服務鏈做大做強，上下游各業態之間必須要有良好的支撐。教育培訓產業的本質特徵是創意服務，因此對於體驗式培訓的企業與從業者來說，創意思想的生產是最為重要的一個要素，它是腦力工作者知識和精神的結晶。本質上來說，經營體驗式培訓相關服務的企業是知識型企業，創意成本占很大比重，而引導員作為主要從事教學工作的腦力工作者，應在整個體系中具有高度的自主權。但從體驗式培訓產業發展現狀來看，從業者在知識結構、學科基礎和產業視野等方面的缺乏是影響體驗式培訓發展的瓶頸，換句話說，我們必須認清這是一個腦力、知識相結合的工作。

當前，體驗式培訓產業整體上顯露出教學過程「活動有餘」而「引導不足」，教學過程流於形式的現象，限制了培訓的功能，弱化了培訓的效果。個中緣由，引導員水準參差不齊應算是決定性的一點，若不著力解決這一利害關係，產業發展將難以繼續。

作為夏老師從業 15 年心路歷程的結晶，本書充分整合了 PA（Project Adventure）與 High 5、探索教育、歷奇教育和拓展訓練的多元優勢；由從業者基於實情來撰寫，具有相當強的實效性、前瞻性、接地性。對於相關領域的從業者而言，這是一本難得的工具書！

本書突出反映了「引導反思」這一體驗式培訓教學中最為核心的環節，從其意義與功能、場景的設計與建構、教學的組織與實施等內容入手，系統地回答了何為引導反思、如何設計引導反思、怎樣讓引導反思技術運用自如，使我讀完之後有立刻將其中技巧付諸教學的衝動。

最後，祝福各位讀者能夠藉助本書，踩穩體驗經濟的「風口」，在體驗式培訓事業的路途上精進、收穫。

徐文琦

推薦序四

　　企業培訓管理者如今面臨著巨大的壓力：產業變化越來越快，企業問題越來越複雜，員工的成長要求越來越快，知識更新的要求越來越迅速，員工對培訓方式的要求越來越高，老闆對培訓效果的要求越來越苛刻……

　　在網際網路、碎片化、快速更迭等眾多學習方式層出不窮的今天，以團隊動能為基礎的體驗學習的形式和技術，讓我們這些培訓管理者一路快跑。其中，拓展訓練作為團隊體驗的一種培訓形式被企業採納。然而事與願違，目前很多拓展訓練都遭遇了學員不滿意、企業不買單的問題，甚至有些企業管理者一聽到「拓展」兩字，就說「不要做了，做了也沒什麼用」。但是，夏雄武老師帶給我們的《發現團隊的力量：透過引導讓體驗式培訓更有效》一書所討論的體驗式培訓和市場上的大部分拓展訓練截然不同。

　　2014 年第一次接觸夏雄武老師和他的體驗式培訓課程時，我非常驚喜！在他的課程中，體驗活動以及結果並沒有那麼重要，而引發學員的思考以及讓學員充分開啟心扉、深入挖掘活動帶來的收穫才更重要。我認為，他更接近體驗式培訓的本源目的！

夏雄武老師的引導功力非常深厚，他是我從業十年遇到的為數不多的能將庫伯（David Kolb）經驗學習圈應用到很高境界的引導者。夏雄武老師向我們展示了一個核心理念：真正的體驗式學習要做到尊重學員，讓學員在體驗活動中深入反思和表達，緊密和工作的連結，產生學習。

在接受夏雄武老師的課程培訓，以及仔細閱讀這本書籍過程中，我發現他的體系和目前傳統的拓展訓練有著極大的不同。

第一，完成活動任務不再那麼重要，而引發學員深度思考和充分表達成為課程的核心主旨。例如，室內拓展常用活動「鐵釘」（12 根鋼釘的遊戲活動），一般拓展課程的步驟是學員在比賽中完成任務、結束後分享、老師總結。而夏雄武老師的課程卻完全不同，遊戲開始，他就拋給學員一個問題：「你們覺得可以完成『鐵釘』的任務嗎？」有的學員說不可能，有的說不如試試看，有的說應該可以。然後夏雄武老師給了第一個任務，請全體討論達成一致後給出一個答案，於是全體學員開始了激烈和漫長的研討過程，過了半個多小時，小組也未能達成一致。他請大家安靜下來，丟擲了第二個問題：「請問同學們，剛才發生了什麼事情？」大家開始陷入沉思，慢慢開始分享自己剛才的想法、感受以及團隊成員帶給他的影響，更進一步反思工作中關於團隊的種

種，然後夏雄武老師才逐步帶領和引導學員走入活動本身。這個課程讓我震驚：原來活動可以這麼玩，原來活動還沒開始就能讓學員有這麼多的思考。

第二，夏雄武老師的引導以快樂、尊重、引發思考為主導，這和傳統拓展有很大不同。拓展訓練師以命令、激勵和總結為主導，而他以快樂、尊重、引發思考為主導。隨著和夏雄武老師的慢慢熟悉，我漸漸對體驗式培訓和團隊引導有了更加深入的了解。夏雄武老師遵循約翰‧杜威（John Dewey）先生的教育理念，有著本源理論的基礎和很多企業培訓的實踐經驗。他的活動設計與引導功力非常深厚。首先，活動設計有遞進的邏輯關係，從而讓學員從玩得陌生到玩得熟悉，過渡得自然隨意，自然不會產生抗拒。其次，幽默、富有親和力的帶領風格，讓學員玩得放鬆，真正做到放下和開啟。最後，用合適的引導問題讓學員在放鬆和愉快的氛圍中自然而然地學習。

第三，課堂上的「意外」都能產生學習。通常課堂上出現的講師控制之外的「突發狀況」，是講師最難控制和害怕的。然而，體驗式培訓「捕魚的技巧」，就是讓課堂上不同的聲音、行為都成為可以學習的機會。學員之間不同的想法碰撞，不會受到打斷和制止，經過老師的引導，學員能從冰山下開始自我覺察和反思，從而收穫更多，體驗式培訓實現

了真正意義上的尊重學員。

這些內容讓我如獲至寶，基於對體驗式培訓的深入了解，我們把這種培訓方式逐漸引入各個層級的領導力專案中，例如，公司高級經理人的培訓，職能領導力提升在職培訓等等，根據不同的學員準備度以及培訓目標設計了不同的培訓主題，然後結合體驗課程開展培訓。我們發現越是管理經驗豐富的管理者，反思能力越強，收穫也越大，這也恰恰印證了經驗學習圈的理論。

目前市場上團隊和組織領導力開發的理論和實踐都很缺乏，而體驗式培訓除了提升個人領導力之外，也非常適合團隊領導力的開發，這也為我們在團隊領導力開發上提供了借鑑。但是遺憾的是，目前市場上相關體驗式培訓系統理論或者相關理論很少。

這本書是目前為止體驗式培訓產業少有的將體驗學習理論、工具以及實踐經驗總結梳理得較為完整的一本書，是幫助我們企業培訓管理者提高自己引導能力的一本工具書，更是一本難得的好書！更具有意義的是，夏雄武老師帶來本源的體驗式培訓的學習理念，並將他的事業夢想逐步推廣到各個領域。作為企業培訓的受益者，我向同行們推薦此書，並希望體驗式培訓在企業應用中有更多的突破。

李淼

推薦序五

　　認識夏雄武老師，是在一個「體驗式培訓引導技巧 TTT 公開班」裡，在課後的討論中，夏老師提到他長久從事培訓工作，關注體驗式培訓的引導技巧課程也許久了，這一次終於可以親身體驗。他上完課後心裡非常激動，認為透過體驗式培訓，搭配良好的引導技巧，可以讓學員有很不一樣的成長。於是課程結束後不久，他告訴我，他要把「引導者」這項工作當作自己未來的事業來經營，毅然決然辭去一份薪水很不錯的主管職務，投入體驗式培訓的產業。

　　夏老師這樣的舉措，著實讓我驚訝不已：是什麼樣的一份決心會讓自己跨出優渥與熟悉的領域，投入一個當初在培訓體系裡並未占據主流角色的產業？我們師出同門，我早他幾年進入體驗式培訓的領域，但在過去幾年的交流裡，每一次與夏老師的對話，都讓我有很深刻的學習與體悟。我充分感受到夏老師對於不斷精進體驗式培訓與引導技巧的苦心，大量的文獻蒐集與閱讀，頻繁地培訓設計與實際操作，他不止讓自己在體驗式培訓產業裡站穩腳步，更重要的是，他全力出版的這本書也將可能影響更多同業夥伴，讓現在非常火熱的體驗式培訓、拓展訓練，更上一個層次！

推薦序五

　　2016 年 3 月，我與夏老師在辦完一場體驗式培訓後一起享用晚餐，席間我們對話的內容仍然圍繞著體驗式培訓的現在與未來。過程中，我表達了頻繁的培訓場次讓自己精疲力竭，甚至不斷憂心如何能夠更加精進自己的引導技巧。夏老師僅是透過一些關鍵性的提問來協助我自我察覺與反思。聽到「心流」「失衡」這兩個出現在書中的詞語，讓我有如大夢初醒！我見證了夏老師如何把體驗式培訓的引導技巧不著痕跡地運用在日常生活中，不僅協助他自己，也幫助我們看見自己的盲點與不足。

　　這本書是夏老師從事體驗式培訓十餘年來的功力精華，我何其有幸能夠取得初稿拜讀，儘管我也從事這項事業十餘年，但這本書仍然對我有許多振聾發聵的提點。不管是對於從事體驗式培訓或拓展培訓的引導者，抑或是組織與團隊的管理者，甚至是重視自我察覺與欲發揮人際影響力的個人，這都是一本不容錯過的書籍。我深信，每一位看完這本書的讀者，都能像我一般，有如與夏老師進行了一場對話交流，找到了自己可以提升的地方！

臺灣地區資深培訓師

楊恭茂

推薦序六

　　我接觸體驗學習是從拓展培訓開始，十多年來一直默默關注著這個領域的發展，在過去相當長的一段時間，拓展培訓基本就是體驗學習的代名詞。本來也沒什麼，但作為從商業領域快速發展起來的產業，它真正能承載的學習使命與它宣稱的並不匹配，甚至變成了一個低門檻的產業。在好多拓展培訓的課堂上，教練們帶著模組化的活動，用標準化的問題應對著一個個鮮活的、有著不同生命特點的團隊。作為一直從事企業內部人才發展的工作者，我們一直在尋找問題的答案：體驗學習的本源是什麼？它到底應該是一種什麼樣的運作模式？在促進人才的成長方面，它又有何獨到之處？

　　念念不忘，必有迴響，這幾年我有幸陸續認識了很多體驗學習領域的大咖，讓我對體驗學習有了全面的認識和全新的感知，夏雄武老師就是其中對我幫助非常大的一位。

　　夏老師浸淫體驗學習領域十多年，師從華人體驗學習權威廖炳煌先生，是廖先生的得意門生。這本書是夏老師對體驗式學習深刻理解的結晶。在此書中我們可以看到夏老師對體驗式學習理論的濃厚興趣和研究成果。對於體驗式學習理論本源的追求和探索讓他的理論和行動建立在磐石之上。

從杜威的「教育即生活」到柯漢（Kurt Hahn）的「經驗學習」，再到陶行知的「教學做三者合一」等思想，一脈相承，讓讀者清晰地看到體驗式學習的發展歷程，自然而然地了解體驗式學習的前世今生。這些理論的傳承也展現了夏老師本人的觀點的源頭，讓他的理論和實踐具備了可遵循的內在邏輯關係。而把體驗式學習的特徵、行為改變理論、心流與失衡論和團隊發展論、衝突管理策略等結合起來研究，也是夏老師的創舉，讓看起來遙遠的體驗式學習理論變得切實有效，這使我們開展體驗式培訓和加強對學習活動的理解產生了深刻了解，不但知其然，更能知其所以然！

理論從來都是來源於實踐，在重視理論研究的同時，夏老師也非常重視關注理論與現實應用的連線部分。在此書中夏老師介紹了 PA 機構（Project Adventure,Inc）的 APPLE 引導步驟，將體驗式活動的各個環節細緻而清晰地分解給大家看，而且在書中也舉了很多生動活潑的例子，便於讀者的理解和掌握，不僅風趣幽默的筆風讓我們時不時會心一笑，其中的工具和方法都可以直接使用，甚至只要記住 APPLE 的相關步驟，我們的體驗式活動就可以順利開展。

夏老師並非只關注活動的設計，還注重對引導者的嚴格要求及以學習者為中心的理念。在書中的案例裡，我們看到夏老師如何舉重若輕地建構出學習場域，如何以學習者為中

心，如何充分引起學習者的積極主動性，如何激發學習者相互學習、共同學習等等。閱讀本書的同時也讓我們聯想到自己帶領或者參加活動的場景。

本書聚焦於體驗式培訓，作者給我們做了最好的示範，講述了他自己帶領體驗式活動的案例，我們也可以看到夏老師是如何不斷總結和不斷進步的，可見其為人坦蕩，對於學習和成長持開放態度，時時注意學習人才培養領域最前沿的知識，不斷實踐累積經驗。正是這種兼收並蓄、博採眾家之長的開放態度讓其理論和實踐更具蓬勃的生命力和感染力。

夏老師對於體驗式學習有深厚的感情，有很多真切的經驗和理解，他將自己的理解和經驗沉澱下來，並毫無保留地在書中分享，給企業 HR、學校教師及企業管理者帶來了不同的收穫。開卷有益，開啟這本書細讀，相信大家一定可以收穫寶貴的經驗，期待夏老師不斷有新的作品以饗讀者。

李之

自序

　　體驗式培訓近 20 年來一直呈現野蠻生長的態勢，從來都不乏熱情的培訓界同仁們把體驗式培訓當成幫助組織或企業加強團隊凝聚力、改善人際關係、激發潛能、培養領導力等的「靈丹妙藥」。在這個過程中，出現了很多種對體驗式培訓的稱謂：外展訓練、主題式冒險訓練、拓展訓練、探索教育、冒險教育、體驗教育等，眾說紛紜，形式也多種多樣。其中不乏這樣的情境：有的講師在原有講授的課程中加入幾個遊戲就稱體驗式培訓；有的講師在課程中全部都是遊戲活動，也稱體驗式培訓；還有的講師將軍事化訓練等同於體驗式培訓；甚至只要一群人在一起做活動，就叫體驗式培訓⋯⋯真是讓人摸不著頭緒。

　　到底什麼是體驗式培訓？如何讓體驗式培訓更有效呢？關鍵答案是看你是否懂得引導以及是否能熟練掌握引導的方法，讓學習變得更有效。

　　十多年前，我剛剛踏入體驗式培訓的大門，身為一個沒有多少經驗的引導者，在教授體驗式培訓課程的過程中，我時常會提醒自己在每個體驗活動結束後，一定要讓團隊成員進行分享和總結。然而，在沒有接受過任何的正式訓練、對

於訓練目標以及相關技能也是一知半解的情況下，我就貿然
地進入了引導過程。我依然清晰地記得那時帶領學員進行反
思與討論的尷尬場景。在剛剛結束一天的場地挑戰活動後，
我請學員坐下來圍成一個圓圈，問大家：「大家對今天的活
動有什麼感想？每個人都談一談吧。」結果可想而知，我沒
有得到任何回應，每個人都是滿臉困惑和疑慮，於是我開始
汗流浹背。然而，接下來事情沒有得到任何改善，大家的臉
上出現越來越多的「問號」，縱使我使出渾身解數，仍然沒
有人了解我要做什麼，我也不知道有什麼方法能讓他們了
解。這樣的尷尬狀況，對我來說是個深刻的學習經驗。最後
我只能自說自話，快速略過分享環節。事後，我決定去學習
更多的有關引導與討論的知識，不再讓這樣的尷尬事情再次
發生。有趣的是，並不是我一個人遇到過這樣的事，許多人
也有過類似的情況。

　　到今天，我從事體驗式培訓教學工作已 15 年。我在學習
與成長期間，深受美國體驗教育大師卡爾·朗基（Karl Rohn-
ke）先生以及我的老師廖炳煌先生的影響，在教學過程中秉
承西方體驗教育的方法，結合亞洲的組織與企業的特點，為
許多企業或組織開展體驗式培訓；對於引導與反思的理論與
方法也有了進一步了解，累積了一些教學經驗。我在帶領學
員進行反思的過程中，時常感覺這是一門複雜的學問。引導

者很難保證學習過程一定是順利的。課程的設計、活動的安排、事前的準備、活動的帶領及觀察、對問句的引導、對安全的注意……有些常常是難以掌控的。如何將這些進行有效的整合，使參與者能自如地表達他們在活動中學習到的知識呢？體驗式培訓中的引導在整個課程中相當重要。只有對體驗式培訓中的「引導」理解深刻了，你才能隨時運用，且時常會收到意想不到的效果；如果不能理解引導的精髓，很可能會遭遇讓體驗式培訓流於形式的尷尬。

事有必至，理有固然。體驗式培訓就這樣野蠻生長了近 20 年，如今它受到越來越多的關注，應用的領域也越來越廣。同時我們也發現，市場也慢慢由好奇、追捧、狂熱回歸到理智。現今我們呼喚更加專業的體驗式培訓，這就需要系統介紹體驗式培訓的書籍，而目前這樣的體驗式培訓或體驗學習類書籍實在是少之又少，於是，我編寫了這本書。本書結合了我十幾年的教學實踐，以及這些年來看到的、聽到的、感受到的，為體驗式培訓工作者提供一些參考。

本書分為 7 章，第 1 章主要介紹體驗式培訓的相關資訊，包括其特徵以及在不同領域的應用；第 2 章介紹開展體驗式培訓時需要了解與掌握的相關理論，包括行為改變理論與團隊發展的理論，了解這些理論，將使課程的引導者不但知其然且能知其所以然；第 3 章提供了關於體驗式培訓引導的圖

譜，說明了體驗式培訓的 APPLE 引導模型，包括團隊狀況評估工具、引導的步驟、引導者需要的核心技能以及體驗學習的流程等；第 4 章探討了引導者帶領學員進行體驗活動或遊戲的技能，這部分內容是體驗式培訓引導者的基礎技能；第 5 章是本書的核心部分，內容包括引導討論的價值、開展引導討論的技巧以及關於提問的能力學習；第 6 章結合實踐經驗，列舉了在體驗式培訓過程中可能出現的對學習過程與結果產生影響的典型性失當行為，以及針對這些失當行為的處理方式與策略；第 7 章是與讀者分享一節好的體驗式培訓課程結束時需要做的事情以及注意事項。

　　本書並非一本理論專著，而是更多地專注於體驗式培訓中引導的實務與運用，盡可能地使體驗式培訓中引導的行為邏輯化、結構化，讓讀者了解體驗式培訓中有關引導的資訊，掌握引導的關鍵技巧。本書的目標讀者包括：

▸ 希望增進對引導的原則與方法的了解的組織培訓管理者

▸ 想強化在教學工作以及學習發展方面能力的組織內部講師

▸ 希望在管理工作中對團隊「少命令、多引導」的企業管理者

▸ 為組織提供體驗式培訓，想要提升引導技巧的引導者與培訓師

▶ 想了解體驗式培訓中引導的理論與實務的教師與感興趣者

體驗式培訓是在「做中學」。學習中，老師不會直接給出答案，而是透過活動與引導反思，讓學習者在學習的過程中不斷探索與覺察，學習過程充滿了未知與可能性，這樣就大大激發了學習者的創造性、自主性和對知識的擁有感。我始終認為，體驗是最有效的學習。

希望這本書能為您開啟體驗式培訓的引導之門，為您提升引導之術提供幫助。

本書能寫成並出版，要感謝我的恩師廖炳煌先生的教誨以及在我成長道路上給予的幫助；感謝我的教練廖炳權先生，沒有他對我一對一的輔導，我不可能快速成長；還要感謝將我領進體驗式培訓大門的啟蒙老師駱煒巍先生，正是他讓我走進了這扇奇妙的大門；還要感謝那些能參與我的課程的學員們，其中有很多人已經成為我的朋友，謝謝大家提供機會，讓我把體驗式培訓介紹給大家，我們一起共同學習與成長。最後，尤其要感謝我的家人，在許多個日夜奮筆疾書、無暇顧及家人時，是你們的包容，才讓我有時間著成此書。感恩大家！

夏雄武

第一章

體驗式培訓中的引導者

█ 由來

　　體驗式培訓是基於「人們經由經驗進行學習」這一理論（簡言之，就是「做中學」）而發展起來的教育與培訓方式。這種培訓方式起源於西方，其教學理論來源可以追溯到 20 世紀著名的實用主義哲學家、教育家約翰·杜威（John Dewey），而在教學實踐方面影響較為深遠的是德國猶太裔教育家柯漢（Kurt Hahn）。

　　杜威以「教育即生活、生長和經驗改造」的理論為基礎，提出了「從做中學」的教學方法論。傳統觀念認為教學就是傳授知識。然而杜威認為，學生從教師口中被動聽來的知識不是真正的知識，這種教學方法只能抑制人的活力和阻礙人的創造才能的發展。以打仗作比喻：放棄正面攻擊而採取迂迴戰術能減少軍力的消耗。同樣的道理，教學不應直接注入知識，而應引導人全身心地參與活動，在活動中以迂迴的方式無意識地獲取經驗和知識。於是他就提出了「從做中學」的教學方法論。杜威說，「做」是根本；沒有「做」，人的學習就沒有依託。杜威提出要充分利用人愛好活動的本能，讓他們以活動為媒介間接學到知識。「從做中學」強調的是要從人的現實生活出發，並且依附於人的現實生活；教學要為人設想，以人的心理為根據。

柯漢畢業於英國劍橋大學三一學院，1920 年擔任德國南方賽倫學校的校長，後因反對希特勒政權，1933 年輾轉蘇格蘭創立高登斯頓學校，又因第二次世界大戰遷居威爾士，於 1941 年在威爾士阿伯德威創立了 OB（Outward Bound）外展教育學校。在當時的社會環境下，柯漢發現學生的社交活動與個人需求不受到重視，並且普遍有著健康狀況不佳、缺乏自信、進取心及冒險性不足、創造力衰退、技能與努力不足、缺少修養與自律能力等問題。於是柯漢在教育哲學上繼承了杜威等學者的思想，以重視經驗主義和自然主義的方法，透過體能與心靈的挑戰，發展學生的內在潛能，進而建立學習的自信和正向的自我。隨著參與學習的人越來越多，這種教學方式不斷得到發展，也慢慢地開始得到重視和推廣。經過數十年的發展，在國際上形成了多個知名的組織與品牌，如 OB 外展教育、PA（Project Adventure）探索教育等。

來到亞洲，這種「做中學」的教學方法論其實離我們並不遙遠。作為約翰・杜威的學生，著名的教育學家陶行知（西元 1891 至 1946 年）實踐並發展了這種教學方法，並在杜威的教育哲學的基礎上發展出了生活教育學說。

陶行知的生活教育學說包括三個基本觀點：生活即教育，社會即學校和教學做合一。其中「教學做合一」是陶

行知生活教育理論的教學論。用陶行知的話來說,「教學做合一」是生活現象之說明,即教育現象之說明。在生活裡,對事說是「做」,對己之成長說是「學」,對人之影響說是「教」。「教、學、做只是一種生活的三個方面,而不是三個各不相謀的過程。」「教的方法根據學的方法,學的方法根據做的方法。事情怎樣做便怎樣學,怎樣學便怎樣教。教而不做,不能算是教;學而不做,不能算是學。教與學都以『做』為中心。在做上教的是先生,在做上學的是學生。」

陶行知的「教學做合一」有以下含義:「教學做」三者不可分割,做是教與學的中心。「教學做」三者是密切相關的,但是都要統一在做上。做是教的中心,也是學的中心,教者、學者都要在「做」的實踐中發揮其主觀能動性。以種田為例,種田要在田裡做,便在田裡學、在田裡教。教師拿做來教才是真教,學生拿做來學才是實學。陶行知特別強調「做」在獲得知識過程中的作用。

在這裡,我並不是想對體驗教育或培訓做教育哲學上的理論研究,只是透過這樣的論述,讓讀者能夠稍稍理解這種教學方法並非無源之水,而是在東西方都有著大量的理論與實踐經驗。無論是西方的杜威以實用主義為基礎的教育哲學,還是東方的陶行知先生的生活教育學說,都提倡實做,強調了實踐是獲取知識的途徑。

　　然而，在我們的生活中，透過體驗產生的經驗並不足以帶給我們學習的價值，有時候，體驗並不涉及腦部的活動。所以，有時「體驗」純粹只是「體驗」，唯有透過「反思內省」才能讓我們整理「體驗」帶給我們的學習和改變，也唯有經歷反思的過程，才可能用來詮釋我們的實踐與生活，並找出兩者之間的連繫，讓經驗產生學習的價值與意義。我們在體驗式教學的過程中很容易忽略「從體驗中學習」所包含的豐富的意義，反思內省正是開啟其中豐富意義的最佳途徑。而要想實現「反思」這個最佳途徑，引導則是這個過程中的催化劑。

　　本章的主要的內容是說明什麼是體驗式培訓以及它的特徵、體驗式培訓中的引導行為與引導者的作用。

▌有關體驗式培訓

❶ 什麼是體驗式培訓

　　體驗式培訓是一種方法，讓培訓工作者有目的地透過直接體驗與引導反思，促進學習者增進知識、發展技能與釐清價值觀。這是美國體驗教育協會（Association for Experiential

Education，AEE）為體驗式教育（培訓）下的定義。本書所
涉及的內容更多的是體驗式培訓如何做、如何實踐，因為其
並非學術專著，對於體驗式培訓的定義不做過多的詮釋，這
部分需要留給未來學術領域的專家們去思考。

　　但是，我們只要稍加留意，就會發現體驗式培訓的含義
與其他培訓形式的有明顯不同。定義中有「直接體驗」與
「引導反思」兩個關鍵詞，所以，從宏觀來看，凡是透過讓
人直接去體驗與參與培訓工作者的引導反思，以達成增進知
識、技能以及釐清價值觀的培訓，都可以叫做體驗式培訓。
而本書所涉及的體驗式培訓中有關「直接體驗」的方式，就
是指讓學習者參加「體驗學習活動（或者遊戲）」，這一點
需要澄清。

❷ 體驗式培訓的五大特徵

特徵一：失衡

　　體驗式培訓中，引導者為學員安排讓其產生失衡的情境
與體驗活動，讓學習者在完成挑戰活動的過程中，產生認
知、情感、觀念與行為等方面的失衡狀態，從而讓學習者認
知到學習的價值與意義。例如，在活動開始前，讓學員在認
知上對團隊溝通問題進行討論並形成結論，然後透過活動的
體驗，讓學員產生實際的溝通經驗。在這個過程中，原有結

論放在實際做的過程中不一定就能實現，或者會出現其他方面的問題，這樣就創造了一種學員在認知與行為上的失衡狀態，兩者之間的比較與分析，就能讓學員產生思考，從而達到激發學習興趣的目的。

特徵二：風險

在體驗式培訓中會開展許多活動，讓學員參與其中。活動的類型多種多樣，有平面活動、高低空繩索活動、野外活動等。這些活動的開展都會伴隨著一定的風險，甚至有些活動如攀岩、速降等具有極高的風險性。這還只是外在的活動風險，有些風險還來自內在，例如，參加者需要在培訓過程中與一群並不熟悉的夥伴共同學習，並且需要迅速熟悉起來，還可能需要進行坦誠的溝通與交流等，這對於有些學員來說也是極具挑戰性的活動，存在個人內在的風險。不過，體驗式培訓的宗旨並不是一味地讓學習者去冒險，而是透過具有一定風險的活動體驗，讓參與者培養冒險的能力以及獲得有價值的知識與技能。

特徵三：不可預知的結果

由於體驗式培訓的活動具有一定的風險性，其學習的過程與結果都會有不確定性的特徵，就算是在培訓開始前做好了充分準備，在學習活動開始後也會因為許多因素而發生不

可預知的事情，從而影響培訓的效果。例如，在活動中，因為團體成員對於完成活動的做法有不同的看法，早已計畫好的安排就有可能因為活動完成的時間過長而影響學習結果；在戶外開展活動，很可能受天氣影響，剛才還是晴空萬里，突然來了一陣狂風暴雨，讓培訓不得不改變計畫……這些因素都會影響學習的過程與結果。這也是體驗式培訓不容易掌握的一個重要原因。

特徵四：選擇自主、挑戰自主

體驗式培訓在開展過程中，參與者永遠有權選擇何時參與活動或挑戰，以及選擇參與的程度。當面對挑戰，參與者選擇退卻、放棄時，隨時有機會再度重新選擇，面對挑戰。面對任何一個困難的挑戰時，每位參與者都必須明白，勇於嘗試冒險的意願，永遠比最後的結果更為重要。參與者必須尊重每個人的想法、需求、價值選擇，尊重團體成員共同的決定。這項特徵充分展現了人本主義所提倡的「人會對自己的行為負責」的含義。我們充分相信，在刺激與反應之間，人們有選擇的自由，這充分展現了人的價值所在。也正是因為人們在刺激與反應兩者之間的選擇不同，才會發現人與人之間的不同；看到彼此的不同，就會引發大量的關於行為背後的思考，這具有極大激發學習興趣的價值。

特徵五：正向（行為、思想主動）

所謂正向特徵，可以理解為積極的思想與行為表現。體驗式培訓所開展的教學活動，因為學習者永遠有權選擇何時參與活動或挑戰，以及參與程度，所以參與者在學習過程中的行為更多是主動的。主動選擇、主動思考是否參與、主動決定如何參與，這樣，參與者的行為表現會更為積極，對於學習的過程與內容會有強烈的擁有感，對於學習內容的印象會更為深刻，所產生的行為將更為正向。

❸ 體驗式培訓與傳統教學的區別

與傳統教學相比，體驗式培訓這一領域的教學風格、培訓方式和諮商模式，甚至教學活動都不相同。總結起來，不同之處主要集中在兩點：第一，體驗式培訓的老師（以下稱為「引導者」或「帶領者」）並不為團體提供所有的解決之道，而主要是由參與者互相學習，引導者側重於塑造學習情境與氛圍，讓學習者參與其中，貢獻彼此的經驗與學習；第二，體驗的經歷經過精心安排，含有一定的不確定性，並充滿樂趣。

在傳統的教學模式中，老師是所有相關知識的源頭，老師傳授知識，參與者學習知識或技能。從這一點看，參與者被視為接受者，而非學習者。體驗式培訓是以一種能幫助團

隊發展自身能力的方式開展學習活動，引導者在適當時提供
指導。體驗式培訓的引導者使學習者關注自身的狀態，開
放心胸，擺脫思維定式，要求學習者投身於新穎的學習活動
中，在活動中學習團隊合作、溝通、信任、決策、領導與配
合，以及創造性問題的解決技能等；而在學校、研討會、傳
統培訓中，則是以一種說教式的方式進行教授。體驗式培訓
與傳統教學之間的區別，可參考表 1-1。

表 1-1 體驗式培訓與傳統教學的比較

體驗式培訓	傳統教學
關注當下的感受	學習過去的知識
強調領悟與體驗	主要依靠記憶
團體學習	個體學習
注重觀念與態度	注重知識與技能
多元智能刺激	單一刺激
以學員為中心	以教師為中心
個性化學習	標準化學習
現實化，「做中學」	理論化學習

④. 體驗式學習與行動學習

　　開展體驗式培訓的方法稱之為「做中學」的體驗學習
法，也就是強調「先行後知」的理念。最近十來年開始流行

一種學習方法，即「行動學習法」，很多人對這兩種學習方法存在許多誤解，甚至還有人將體驗學習等同於行動學習。為了讓大家更容易理解體驗式培訓所採取的學習方法，我們有必要對兩者做一些比較。

首先，體驗式學習與行動學習法都起源於歐洲，體驗式學習長期以來都是以外展教育的創辦人 —— 德國的柯漢為代表性人物，以此作為體驗學習的緣起。而行動學習法創立於 1960 年代，其公認的創始人是英國的物理學家雷格・瑞文斯（Reg Revans），行動學習法於 21 世紀初開始在亞洲興起。

當需要討論一個命題時，我們要先界定清楚相應的概念。這裡比較一下行動學習法和體驗式學習的概念。體驗式學習是指學習者親自參與或置身某種情景中，透過體驗、感覺、反思來認識事物，透過體驗、感覺、反思使學習者獲得對某種知識、技能、情感，加深或產生新的對原有知識、技能、情感的認知。這樣的學習，能使學習者完全地參與學習過程，使學習者真正成為課堂的主角，對學習到的知識、技能等有一種擁有感。關於行動學習法的概念，從字面上就可以看出，行動學習是一個從行動中學習的過程。行動學習也是一組人共同解決組織實際存在問題的過程和方法，它關注問題的解決，也關注小組成員的學習發展以及整個組織的進步。

從以上的概念中，我們也很容易發現兩者的共同之處：兩者都是「做中學」，強調行知結合。而且體驗式學習和行動學習往往都運用同一個理論模型，即大衛・庫伯（David Kolb）的經驗學習理論。該理論認為，經驗學習包括 4 個步驟：體驗 —— 完全投入到當時的實際活動中，透過體驗產生經驗；觀察和反思 —— 從多個角度觀察和思考實際的體驗活動和經歷；抽象概念和普遍結論歸納的形成 —— 透過觀察與思考產生意義，與過往的經歷產生連結，得出合乎邏輯的抽象概念和理論；運用或應用 —— 運用這些理論、技能做出決策和解決問題，並在實際工作中驗證自己新形成的概念和理論。體驗式學習與行動學習的核心都是反思，透過反思激發學習興趣。因此在很多時候，人們容易把體驗式學習和行動學習混為一談。但是，這兩者卻有很大的不同之處，下面從 4 個方面來闡述。

（1）透過對比兩者概念，我們就會發現行動學習法的核心是「問題」。

行動學習法非常重要的一個特點，是在解決企業現實存在問題的過程中學習。體驗式學習雖也是從問題出發，但在學習中更多地關注學習本身，更側重於學習過程本身的實踐性，並不一定需要解決企業現實存在的問題。所以，體驗式培訓常常利用精心設計的活動或遊戲來開展學習過程。相對

而言，行動學習是比體驗式學習的目的性更強的一種學習。

（2）學習者的組成人員有所不同。

體驗式學習的參與者可以來自同一個團隊或同一個部門、同一家企業，也可以是來自不同企業甚至不同產業背景的學員。體驗式學習的核心之一是體驗，不同的人從各自的體驗中可以得到不同的收穫，而即使同一個團隊收穫了相同的理論，應用於實踐工作中的表現也是千差萬別的。但行動學習的參與者由於其目標是解決企業現實存在的問題，所以團隊成員的構成往往是企業問題的利益相關者，他們有權針對問題採取行動，小組成員解決問題的願望也很強烈。因此，行動學習的參與者有一定的侷限性和針對性，而體驗式學習的參與者範圍可以更廣闊。

（3）在學習中，兩者的帶領者的角色會不同。

在體驗式學習中帶領者叫做「引導者」或叫「培訓師」（我個人更認同前者的角色說法），在行動學習中叫做「催化師」或「行動學習教練」。催化師的主要目的是確保團隊成員以更有效的方式思考與對話，主要的關注點不是對話與思考的內容，而是心智推理模式以及對話方式。在工作方式上，催化師不同於培訓師，他更像過程專家。催化師不是指導者，而是傾聽者，是一個中立者，是思考的引導者，是不

良互動方式的干預者。許多時候體驗式學習的引導者所扮演的角色是不固定的，在學習中，他不僅是活動情境的塑造者，還可能是指導者、教練、支持者以及引導者的角色，既是過程的提供者，同時也是內容的提供者。但是，隨著體驗式學習發展的不斷深入，引導者的角色多轉為過程提供者，以引發學習者之間產生更多的學習與經驗交流，而其作為內容提供者的角色會進一步弱化。

（4）體驗式學習與行動學習的區別還在於「應用」上不同。

體驗式學習強調把體驗學來的理論應用到實際工作中。這個過程更多是依靠學員自我覺察與感悟後，自覺改變思維模式，自主應用到工作實踐中，是一個自動自發的過程。如果在實際工作中，組織沒有系統的保障以及時間的給予，也很難將學習成果進行轉化，從而真正發生改變。而行動學習由6個系統角色構成：發起人、召集人、催化師、小組成員、組長和專家。每個角色在行動學習的過程中，都承擔著不同的責任，尤其是在追蹤階段有著明確的工作監督機制和順暢的內部溝通，所以行動學習的最終目的是確保行動計畫得到各級主管在資源上的支持，將學習成果轉變為組織決策，並確保最終落實。可見，行動學習較之體驗式學習在理論「落實」上更為實際；當然，在具體學習、實施時也會更為複雜。

透過以上的比較可以看到，兩種學習模式的著力點不一樣，沒有孰優孰劣的問題。兩種學習模式有很多共通的地方，如果追根溯源的話，行動學習也可以是廣義上的體驗式學習。「他山之石，可以攻玉」，體驗式學習的很多方法可以豐富現有的行動學習的內容。行動學習模式以其理念的創造性和實效性，必將被更多的優秀企業選擇。

❺ 體驗式培訓的課程結構

目前體驗式培訓在許多方面都得到了有效應用：透過體驗活動強化愉悅感受的休閒娛樂；幫助父母與孩子進行良好互動的社群與親子教育；改變學校教學方法、培養老師與學生、施行「全人教育」的學校教育；發展團隊與提高領導力的企業培訓；透過冒險活動促使人的行為發生改變的心理諮商與輔導等等。本書涉及的體驗式培訓內容更多的是以企業或組織培訓為應用領域，以體驗式培訓在組織或企業培訓中的運用為出發點進行思考與實踐。但是，殊途同歸，體驗式培訓的原則與要領都有相通之處，無論是在哪個領域的應用，都可以相互借鑑。依據組織結構與學習發展，可以將體驗式培訓課程劃分為以下課題，如圖 1-1 所示。

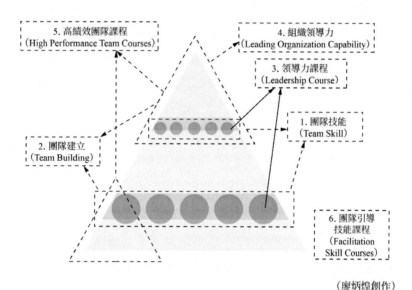

（廖炳煌創作）

圖 1-1 企業組織架構模型

（1）團隊技能（Team Skill）。

團隊技能發展（Development For Team Skill）的訓練能夠幫助個人培養對團隊工作的認知與了解。這項訓練經驗能增強個人對於自身對團隊工作貢獻的認知，同時也能了解自己的行為將如何影響整個團體的動力。此項課程的內容適合所有的組織成員，能有針對性地提升團隊成員的十六大技能：傾聽、表達、破除人際藩籬、建構信任、EQ、衝突管理、問題解決的技巧、團隊問題解決模式、個人決策、團隊決策、領導與被領導、配合與互助、信任、群我關係建構、突破自我、個人願景與使命的建立，如圖 1-2 所示。

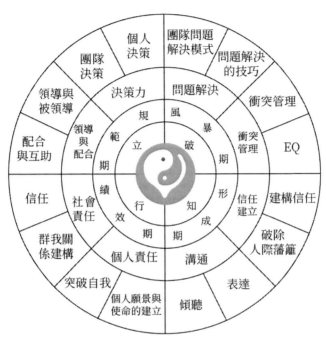

圖 1-2 團隊成員的十六大技能

（2）團隊建立（Team Building）。

團隊建立課程＝Team Skill團隊技能＋Consultant顧問
（組織任務、組織障礙）＋Consulting諮商

　　團隊建立（Team Building）的訓練，不僅要學習團隊技能，同時因為是真實的團隊，還需要幫助團隊釐清團隊的任務與達成任務的障礙是什麼，幫助提升團隊的凝聚力，協助整個團隊加深對於既有行為規範的認知與理解，發展出一套

增進團隊績效所需的團隊規範。這項訓練的主要工作集中在幫助參與者在與團隊成員共事的互動中，培養必要的團隊行為規範。同時，體驗團隊工作的方式可以促進團隊成員間的相互了解，參與者進行自我覺察，看到彼此的差異，透過換位思考建立信任關係。要了解團隊合作的技巧，最重要的是在合作中感受換位思考和心態調整所帶來的意外收穫。透過團隊溝通，充分利用「集體智慧」，並從中產生最佳的決策。

（3）領導力課程（Leadership Courses）。

領導力課程包括探索團隊的發展規律、評估團隊的發展現狀，幫助個人理解有效的領導方式，了解被領導人可能產生的反應，以及學習團隊領導的技能。課程整合了許多不同的領導模式，全方位地透過引導討論及反思的方式，並加上領導者對自我領導風格的覺察，加強個人領導的風範和效能。領導力培養課程用於幫助個人界定何謂有效的領導，並發掘自身偏好的領導風格以及對團體的影響。運用領導反應模式（Leadership Feedback Model）中的指導方針及原則，有效提高領導者自身的效益，並且能透過課程方針來達到分析各種領導風格形態及理論適用性的作用。領導力培養的課程訓練活動適用於整個團隊，同時也是一項個人技能建立的學習。

（4）組織領導力（Leading Organization Capability）。

組織領導力課程不同於一般的領導力課程，組織領導力關乎領導變革以及因管理混亂和無序所帶來的變化。一方面，隨著組織的不斷發展壯大，人員不斷增加，許多新加入的管理成員沒有參與組織創立的過程，很難體會組織發展歷程的艱辛，需要培養共同的情感；另一方面，隨著環境的不斷變化，組織面臨著不斷的調整，領導者需要時刻關注組織因這些變化進行調整所帶來的影響，並且需要不斷反思成功與失敗的經驗教訓，根據組織的現狀，探索未來組織發展的可能性。

（5）高績效團隊課程（High Performance Team Courses）。

如果說領導力是建立團隊的動力之源，那麼打造高績效的團隊則是團隊建立的最終目標。高績效團隊課程幫助團隊領導者及團隊成員了解團隊產生績效的原因與過程，協助團隊成員釐清什麼才是高績效的團隊以及高績效團隊的特徵，並建立共同的價值觀，確定團隊願景，建立個人與團隊的使命感，找到走向高績效團隊的路徑。

（6）團隊引導技能課程（Facilitation Skill Courses）。

在市場競爭激烈的當下，新舊團隊能不能融合、團隊能不能動起來、動能足不足、夠不夠堅定強大、團隊的發展是否迅速、團隊成員是否成長夠快，都成為決定因素；而影響

團隊動能的核心因素是團隊的核心導師能否成功引導團隊。

　　這樣的課程幫助企業內訓人員掌握團隊引導技能，具備運用體驗式學習的理論與方法的能力；使培訓師不但能設計好、帶領好團隊的培訓活動，更能在引導討論時幫助學員將培訓活動的共同體驗與現實工作、生活連結，產生深刻的學習價值。

▌引導

　　許多人在接受體驗式課程培訓時會發現，大多數學員喜歡培訓中快節奏的活動、人與人之間建立起的互信關係、新穎的挑戰以及在安全環境下的冒險氣氛。然而，當這些學員回到自己的工作職位和職場，也開始自己教授體驗課程時，都會認知到要想成為一位優秀的體驗式培訓課程的引導者和推動者，僅參加幾場培訓課程是遠遠不夠的。我們在玩樂中教授溝通、合作、信任等基本的團隊技能以及培養團隊領導技能或領導力，這一點也不難理解，課程的開展也不複雜，對於成功的課程引導者需要具備的重要素養也十分易於理解。但是，在體驗式培訓授課中你會發現，課程的引導者在開展某一具體的教學活動時並沒有什麼唯一的正確方法，但

是卻有許多課程的引導者考慮不周的言語、做法或行為，即使經過嚴密的課前設計、準備，也有可能讓課程功虧一簣。所以，在開展一場成功的體驗式培訓時，較為微妙且不易掌握的是引導的藝術與做法。

1. 什麼是引導

什麼是引導？這在日本引導者協會前會長堀公俊所著的《引導學》一書中有介紹。所謂引導，指的是一種促使團隊成員的智慧相互激盪的技巧，「引導」的英文「Facilitation」原意是指使事情更容易或使其順利。

有趣的是，在眾多有關引導技術起源的論述中，有一個說法：引導技術於 1960 年代起源於美國會心團體的體驗學習，是藉助團體的體驗以促進學習的方式；負責起頭並帶動成員或整個小組成長的人就稱為引導者。目前引導技術不僅運用於體驗學習中，而且在組織問題的解決、共同決策、共識建立、教育訓練、領導力發展等方面均得到了廣泛的運用。引導技術在實施時通常採取會議的形式，過程中，引導者透過結構化的流程，讓參與者之間更容易產生對話，分享彼此的經驗、想法，達到創造性地解決問題、建立共識等。由於引導技術強調對過程的引導、對流程進行架構，因此發

展出了許多引導工具，如世界咖啡館、開放空間、團隊共創、聚焦式會話法等。引導者需要掌握觀察、提問、傾聽、表達與回應的核心技能，其中提問的技能最為關鍵。

引導技術與體驗學習一樣，都是方法論。體驗學習是有關學習的方式、方法，引導技術是有關如何激發每個成員的智慧、群策群力、共同做決定的方法。體驗學習透過體驗活動，讓參與者透過連續並有結構的反思活動進行學習。引導技術通常採取會議的形式，在對話中開展。兩者有一個共同的特點，就是都會採取對話、分享或交談的方式。引導技術在開展對話方面有著許多非常實用且有成效的方法，因此，在體驗式培訓中，運用引導技術可以為參與者營造輕鬆、開放、彼此尊重的學習氛圍，可以催化參與者在學習過程中更多元地反思，產生更多的意義與學習價值。

2. 體驗式培訓中的引導之術

體驗式培訓中的引導之術，目前包括場域安排、活動的帶領、參與者的人身安全、引導者的語言與非語言溝通等。活動的場域安排要為適合反思學習而進行設計，要使團隊處在一個安全而又易於參與者進行反思與學習的環境。由於反思活動通常安排在體驗活動之後，體驗式培訓的引導者在運用引導技術進行反思時，必須提供有架構的反思活動，但引

導者可根據團隊的需求及活動的目標，對活動流程進行彈性調整。體驗式培訓的引導者需要確保反思活動有足夠的時間完成。

關於參與者的安全，包括身體上的安全與心理上的安全兩種。身體上的安全考量毋庸置疑，引導員必須告知參與者活動進行時的危險邊界範圍。而心理安全是容易被引導者忽視的地方，「全方面價值契約」及「選擇性挑戰」的理念為心理安全提供了相應的依據。關於這類議題，有興趣者可以參考相應的文章，在此不贅述。

關於引導的過程，一旦參與者進入體驗學習之後，作為引導者所擔負的角色就越發重要。引導者需要評估、觀察、傾聽、覺察每個團隊成員當下的感受與狀態，需要提出適當的、有利於產生學習價值與意義的問句，像 GRABBSS（團隊狀態評估）、What/So What/Now What、領導回饋模式等都可以幫助引導者開展引導過程。

隨著引導技術的不斷發展與實踐的累積，引導在體驗學習中的運用將來也不僅僅停留在以上 4 個方面，在活動的設計、反思的結構化、體驗學習的流程化以及協助團隊成員相互學習方面會得到更為廣泛的運用。

引導既是科學，也是一門藝術。說它是科學，因為引導有許多可用的工具與技法；說它是藝術，是因為在實施引導

的過程中，並沒有哪一種最好的方式保證一定有好的效果，而應依據參與者的狀況不斷調整。簡單一句話，合適的方式就是最好的方式，因人、因事、因情境而異。優秀的引導者在需要時現身介入，其他時候則與團隊成員沒有區別。最理想的團隊的成長其實是來自參與者自身，而不是引導者。

體驗學習在歐美已發展了七十餘年，從早期的戶外OB到PA的高低空繩索場地再到室內平面，而其在亞洲的發展也有近二十年。如何讓學習更有效、讓活動更有意義、讓反思更有價值，引導在學習活動中將會越來越被重視，這也是體驗式培訓的引導者需要不斷練習、精進的能力要求。

▌引導者在體驗式培訓中扮演的角色

在體驗式培訓課程中，課程的引導者不能只是一個中立者，而要時常扮演不同的角色；你可能是專業的指導者、團隊教練者、支持者、引導者，也是安全風險管理者，其實比較直觀的感覺更像一個「團隊的領導者」。那麼，所謂的「團隊引導者」的最佳角色是什麼呢？是課程的中心 —— 一切圍繞著你轉？還是在前面引領他人 —— 像帶領著一群羊或鴨子？抑或成為人們注意的焦點？再回想一下，想想你有過

的培訓經驗，你真的應該是領導者嗎？體驗式培訓畢竟來源於西方，對於這種教學方式，西方許多的名家有過論述，在此沒有必要一一說明；對於體驗培訓的引導者，只需借用法國社會學家阿納托爾・法郎士（Anatole France）的一段話就可以很形象地做出描述：「不要為了滿足自己的虛榮心而試圖教授大量的事物。啟動人們的興趣、開啟人們的心智就已足夠，不要使之負載過重。引導的任務是提供激起心靈的火花，只要有良好的易燃物，它就會燃燒。」很顯然，西方更多地是把引導者描述成「點火的人」。

對於引導者的角色，東方也有很形象的描述，這裡我們借用老子的《道德經》中的一段文字：「太上，不知有之；其次，親而譽之；其次，畏之；其次，侮之。信不足焉，有不信焉。悠兮其貴言。功成事遂，百姓皆謂『我自然』。」老子這段話的意思：「最好的統治者，人們不知道他的存在；次一等的，人們親近他、讚美他；再次一等的，人們害怕他；最次的，人們看不起他。統治者不值得信任，人們自然就不相信他。最好的統治者是多麼悠閒啊，他不輕易發號施令，事情辦成功了，老百姓都說『我們本來就是這樣的』。」

當然，老子在這裡描述的並不一定是所謂的引導之術。體驗式培訓課程的引導者的作用在於引導、指導、支持、鼓

勵、挑戰和協助。因此，在體驗式學習活動中，就角色而言，課程的帶領者並不只是像引導技術（這裡的引導技術更多的是指目前市面上大家對於會議、研討交流中應用的引導技術）裡所談論的，是一個中立者的角色，體驗學習課程的帶領者時常扮演著不同的角色：你可能是專業的指導者、團隊教練、支持者、引導者，還可能是安全風險管理者。所以，如果用一個詞來替代體驗學習課程的帶領者的行為的話，我認為「引導」一詞比較恰當。詞典裡「引導」的原意是「使什麼變得容易」，而體驗培訓課程裡的「引導」，我的理解是「連續不斷地應用必要的手段，使得行動變得更加輕鬆自如」。體驗培訓課程的帶領藝術就是引導，體驗培訓課程的引導者不斷地提供「必要的手段」，促使參與者更「輕鬆自如」地學習、成長、發展。

▌引導者在體驗式培訓中要做的事

　　一堂好的體驗式培訓課程，是離不開一位好的課程引導者的。所以，我們必須了解體驗學習課程的引導者要做的是什麼。
　　優秀的體驗式培訓課程的引導者在課程中，需要安排安全而又靈活的活動，要富於挑戰卻不咄咄逼人，要發人深省

且充滿樂趣，要關注主題卻又允許變化，要計畫周密但絕不死板。引導者在課程中需要做的事有以下幾項。

❶ 課程目標的設定

體驗式培訓課程的引導者應制定實現團隊目標和關注學習重點的計畫。一堂好的體驗培訓課程，事前釐清培訓目標是極為重要的事情，我們必須設定關係到團隊、人與人以及個人的課程目標，這樣才能滿足不同方面的需求。同時，還要允許這些目標可能無法包含團隊的每一個問題，要有適當的彈性。此外，優秀的引導者應能適時改進計畫，以適應可能出現的意外結果。

❷ 流程與活動安排

體驗式培訓課程的引導者有責任使課程以恰當的速度推進，並安排合適的挑戰活動，使問題能及時浮現並得到妥善解決。若課程的推進速度太慢，可能意味著團隊沒有進展；速度太快，則問題可能沒有得到處理。如果活動的挑戰性過低，團隊會顯得無聊，難以確保成員的參與度；活動的挑戰性過高，團隊會產生焦慮而制約了學習。活動與活動之間的順序安排也需要引起注意，活動順序安排不當，容易造成學習過程脫節，難以使整個學習過程流暢進行。另外，引導者

還應使團隊有充足的時間完成自己的任務，同時確保課程在
規定的時間內結束。

③ 引導與對話

　　課程的引導者應密切關注參與課程的團隊所表現出的問
題以及可能的挑戰，以確保過程的完整性。活動的體驗只是
課程的一部分，更為重要的是讓學員反思，透過引導反思引
發學員思考與彼此探討，讓學員將體驗之後的經驗進行整
理，產生意義與學習價值。所以，引導者在課程中的引導以
及參與者相互間的對話顯得尤為重要。另外，當團隊的活動
和討論有利於團隊實現目標時，引導者應維護課程主題；當
團隊或某一個人的活動干擾了團隊的注意力時，引導者應加
以干預，依據團隊狀況判斷干擾的程度，考慮是繼續維護原
有的課程主題還是要進行適度的調整。

④ 安全與規則

　　由於有些體驗活動具有一定的風險，所以體驗課程的引
導者需要確立安全程序和規則。引導者應了解計畫的活動中
學員的身體安全邊界，並合理地處理團體活動中可能出現的
情緒問題。引導者應了解自己的侷限性，課程的安排應確保
這些問題是引導者所擅長處理的。

引導者在體驗式培訓中的功能

以上談了引導者在體驗式培訓課程中要做的事情。那麼，一位優秀的引導者在課程進行中，其主要功能是什麼呢？

❶ 建立信任

課程的引導者必須建立信任、開放和誠實的心態並展示出來。體驗活動需要溝通交流並分享情感、想法和觀點。參與者如果沒有全心投入，團隊則無法達到最佳狀態。信任要求彼此高度關注，引導者需要關注所有參與者的需求，為彼此的互動、承擔責任做出表率。引導者要讓參與者知道他們可以自在地表現自我、表達自己的觀點，認真地嘗試每一項活動，並因自己的參與和貢獻而受到重視。引導者承認個人與團隊的努力，可以幫助團隊建立起彼此尊重的氛圍，促使隊員全身心投入。

❷ 展現活力

體驗課程的引導者應激發團隊的潛能，並鼓勵隊員發揮潛力。引導者應設法保持團隊的活力，維持活動的樂趣；引導者應保持行動和討論、體驗與反思的平衡；引導者應集中精力確保全員參與，以保持隊員的興致。

需要注意的是，引導者不能只向團隊提供自己的活力，還必須向團隊索取活力，並返還給團隊。不管團隊的活力是高還是低，引導者都必須正視，努力推動其朝積極的方向發展；當活力停滯不前時，引導者必須正視，並與團隊共同努力。有時，引導者是轉移活力的核心；有時，引導者可以僅僅指明道路，能使團隊改變方向。好的引導者應該了解這兩種狀態的區別，並採取相應的措施。

❸ 賦予意義

引導者應幫助團隊認知到學習來自經驗。引導者的任務就是幫助個人將活動中獲得的認知透過反思轉移到現實世界中。

引導者在開始時應幫助參與者設立目標，並促使參與者了解他們行動的重要性。引導者應使團隊進行自我覺察，適時地指出看待事物不同的角度，並提出有效的問題。引導者的觀察不是為了告訴人們發生了什麼事，而是為了幫助人們解析並建構自身的經驗。

引導者的引導，對參與者實現「經驗學習理論」的後三個階段之「反思 —— 總結 —— 應用」階段至關重要。人們可能只顧活動而忽視了反思以及知識的獲取。好的引導者應保持不同的角度，幫助團隊掌握住課程中出現的學習機會。

④. 承擔責任

體驗課程的引導者不僅要負責引導團隊，還要引導每一位成員投入體驗活動。引導者應提供課程結構和活動，但是團隊成員必須貢獻能量，否則活動將事倍功半。

好的引導者要與團隊進行互動，有時你必須站在前頭，拉動他們；有時你必須站在一旁，提供引導。最理想的情境是團隊自己發展技能，並自我負責；引導者只是提供一個目的地，讓團隊設定到達目的地的路徑。

在體驗課程中，過於強勢的引導者會剝奪團隊充分考驗自身能力而發展能力的機會。過於柔弱的引導者則無法提供充足的挑戰，不利於團隊的成長。優秀的引導者善於保持平衡 —— 幫助團隊超越極限，同時又不使他們感到勉為其難。

第二章

體驗式培訓的引導者必須理解的理論基石

　　我們知道，要說明一件事情，就要對其內容進行詮釋與理解；而要實現一件事情，則是透過「如何做」來達成。前者指的是內容，後者是指方法論。體驗式培訓作為一種培訓方法，更多的是實現後者。

　　體驗式培訓是用來解決「如何做」的問題的，它是一種教學與學習方式，是方法論。但是要想把這種方式運用得好，還需要對它的內容做研究與探討，這樣才能知其然且知其所以然。所以，體驗式培訓的引導者，不僅要掌握這種培訓方法，還要對它之所以有效以及背後的理論有一定的了解，這樣才能運用自如。引導者需要了解的相關理論有經驗學習理論、行為改變理論、失衡論、團體動力理論、團隊發展結構模型、團隊發展階段理論以及情境領導理論、衝突管理策略論等。當然，這並不是引導者需要了解的全部理論，只是引導者在開展體驗式培訓時需要了解的最為基本的內容。本章將對以上所提到的相關理論加以介紹。

▍行為改變理論

　　這是美國心理學家諾爾·迪奇（Noel Tichy）提出的理論，圖 2-1 的 3 個區可以表示為你想學習的事物的等級。

最裡面一圈是「舒適區」，對於自己來說是沒有學習難度的知識或者習以為常的事務，自己可以處於舒適的心理狀態。

中間一圈是「學習區」，對自己來說有一定的挑戰，因而感到不適，但是不至於太難受。

圖 2-1 想學習事物的等級

最外面一圈是「恐慌區」，因超出自己能力範圍太多的事務或知識，心裡會感覺嚴重不適，可能導致崩潰而放棄學習。

對一個人來說，最理想的狀態是處於「學習區」，學習具有適當挑戰性的東西；一段時間後，「學習區」會慢慢變為「舒適區」；「舒適區」越變越大，而一部分的「恐慌區」也會相應地變成「學習區」。

1. 走出舒適區不容易

人如果總待在同一個狀態，自己的心理舒適區會停留在一定的範圍；走出去，嘗試做些新鮮的事情，會擴大舒適區，同時讓自己的眼界變寬，應對變化的能力會更強，個人的整體素養會更高。但是，走出舒適區並不是一件容易的事。

簡單地說，舒適區是指活動及行為符合人們的常規模式、能最大限度地減少壓力和風險的行為空間，它讓人處於心理安全的狀態。很明顯，人們會從中受益，如尋常的幸福感，低焦慮、自在的狀態，被緩解的壓力等等。

舒適區的提出可以追溯到一個經典的心理學試驗。早在 1908 年，心理學家羅伯特‧M‧耶基斯（Robert M. Yerkes）和約翰‧D‧道森（J. D. Donson）就解釋過，一個相對舒適的狀態可使行為處於穩定水準，從而得到最佳表現。但是，我們也需要有一個相對焦慮的狀態，即一個壓力略高於普通水準的空間。這個空間被稱為「最優焦慮區」或「學習區」，它正好在舒適區之外。

「最優焦慮區」或「學習區」的名詞不是什麼新概念。任何鞭策過自己以達到新水準或完成什麼任務的人都知道，當你真正挑戰自己時，你做出的成就會讓人驚嘆。不少研究成果都支持這一點。但是，太多的焦慮和過分強調生產力會導致過大的壓力，會讓人的行為表現迅速變差，這樣就進入了恐慌區，

它會逼自己過甚，反而適得其反，並且會導致人們認為挑戰自己是件壞事。人們自然會傾向於恢復到焦慮適中、感到舒適的狀態。這就能解釋為什麼讓你的頭腦離開舒適區很難。

即便如此，舒適區不是好事也不是壞事，它是大多數人趨向的一個自然狀態。離開它就意味著較高的風險和焦慮，它可以導致積極和消極的結果，但不要把舒適區抹黑成讓你裹足不前的絆腳石。我們的頭腦裡需要一個讓我們有較少焦慮感和壓力的空間，這樣，當離開它的時候我們才能有所收益。

2. 邁出舒適區的好處

眾所周知，「學習區」是讓人精力和行為達到最佳狀態的區域。儘管「提高績效」和「提高生產力」聽起來也只是像「做更多的事」。但當人們願意走出舒適區時，實際上會收穫些什麼呢？答案是人們會變得更加有效率！人的舒適感會消滅生產力，因為沒有了因期限和期望造成的不安，我們往往會心安理得，得過且過，會失去對多做一點事、學點新東西的幹勁和熱情，也會陷入「工作坑」，用假裝「忙」讓自己待在舒適區，避免做新的事情。

鞭策自己跨出舒適區可以幫你早些邁出步伐，完成更多的事情，找到更聰明、更有效率的工作方式，在處理新的和意想不到的變化時人們將會感到更容易。休士頓大學教授布

芮尼・布朗（Brené Brown）曾經解釋說，人們能做到的最糟糕的事情之一即自己以為恐懼和不確定性並不存在。

人們以可控的方式冒一點險，挑戰自己通常不會做的事情，能從受控的環境中去經歷某些不確定的東西，這樣可以幫助自己快速成長，以適應新的環境變化。而且，一旦人們邁開前進的步伐，隨著時間的推移，自己會更容易走出舒適區，人會習慣於這種最佳的焦慮狀態。這種「有成效的不適感」會讓人在表現變差之前，激發其願意走得更遠。

當人們挑戰自己時，自己的舒適區會得到調整，會發現更容易讓自己集思廣益，利用創造力，以特有的方式鼓舞自己尋求新經驗、學習新技能和開啟通向新知識的大門。嘗試新東西可以讓我們對老觀點和新舊知識產生衝突的地方進行反思，並激發我們更多地學習並挑戰慣有的成見，向只尋求同感的習性挑戰。即使從短期來看，積極的、讓人不舒服的體驗也可以幫助我們集思廣益，以新的視角看待老問題，精力充沛地迎接挑戰。

對一個人來說，最理想的狀態是處於「學習區」，學習具有適當挑戰性的東西；一段時間後，「學習區」會慢慢變為「舒適區」；「舒適區」越變越大，而一部分的「恐慌區」也會相應地變成「學習區」。所以在選擇學習活動、制定學習計畫時，要盡量讓自己處在難度適中的學習區，既能提

高，又不至於讓自己過於緊張。

　　體驗式培訓的主要目的就在於提供經過精心設計的體驗活動，協助學習者跳出舒適區，進入不自在和不熟悉的領域，並在克服了焦慮感、壓力和自我懷疑後，體驗到成功或者失敗的經驗。從舒適區進入學習區，發展出能夠遷移到日常生活的覺察能力，獲得知識與技能，從而讓自己更加快速地成長。例如，讓一群彼此陌生的人在一起更快速地熟悉起來；讓學習者站在 20 公尺以上空中的一根木頭上，兩端相隔 1.2 公尺，要從一端跳到另一端等。這些都是促使學習者跳出舒適區、進入學習區的體驗活動。

▌心流理論

　　契克森米哈伊（Mihaly Csikszentmihalyi）認為，我們對生命的看法乃是由許多體驗的力量彙集而成的，每股力量都會留下愉快或不愉快的感受。如我們對自己的長相、氣質、性格，能做的改變相當有限。我們還無法決定自己要長多高或有多聰明，也不能自行挑選父母或生日。我們體內的基因組合、地球的地心引力、空氣中的花粉以及「生逢何時」等，諸如此類不計其數的因素決定了我們一生的際遇：看見

什麼，產生何種感想，做出何種反應。由此看來，宿命論中
人類會相信命由天定的觀點，實在不足為奇。

　　但也有些時候，我們會覺得有能力控制自己的行動，主
宰自己的命運，而不被莫名其妙的力量牽著鼻子走。在這種
難得的時刻，我們會感到無比欣喜：一種渴望已久的寶貴體
驗，在追尋理想人生的旅途中樹立了一座里程碑，這就是所
謂的「最優體驗 —— 心流」。

　　一般人認為，生命中最美好的時光莫過於心無牽掛、感
受最敏銳、完全放鬆的時刻。其實不然，雖然這些時候我們
也有可能體驗到快樂，但最愉悅的時候通常是一個人為了某
項艱鉅的任務而辛苦付出，把體能與智力都發揮到極致的時
候。最優體驗是由我們自己締造的，對一個游泳健將而言，
也許就是重新整理自己創下的紀錄；對一位小提琴家而言，
也許就是把一段複雜的樂曲演奏得出神入化；對一個孩子而
言，也許就是用發抖的小手，將最後一塊積木安放在他從未
堆過的那麼高的塔尖上。每個人畢生都面臨著挑戰，而每次
挑戰都是一個獲得幸福的良機。這樣的體驗在當時並不見得
愉悅。游泳健將在最刻骨銘心的比賽中，可能會覺得肌肉痠
痛，肺腑幾乎要迸裂，說不定還疲倦得差點兒暈倒，但這可
能是他一生中最美妙的一刻。掌控生命絕非易事，有時根本
就是一種痛苦，但日積月累的最優體驗會彙整成一種掌控

感，說得更貼切些，是一種能自行決定生命內涵的參與感，這就是我們所想像的最接近所謂「幸福」的狀態。

最優體驗有賴於時時刻刻用意識控制周遭的事物，而要達到這種境界，唯有靠人的努力與創意。心流不僅是一個學術主題，還能對於體驗學習課程中活動的設計、引導者的訓練都給予啟發。

❶ 心流的定義

心流的定義是人對某一活動或事物表現出深厚的興趣並推動個體完全投入某項活動或事物的一種情緒體驗。這裡有一點說得很清楚，心流是一種情緒或感受。這就像戀愛的感覺一樣，你很難去捕捉，但當這種情緒到來時，你卻很容易感受得到。而且，也說明心流應該是從當下所做的事或活動的直接體驗中獲得的，回憶或想像等是不可能產生這種體驗的。當人進入「心流狀態」時，會產生「心流體驗」，自己會完全被所做的事吸引，完全融入其中，專注於自己注意的事情上。

❷ 心流的產生

契克森米哈伊教授經過多年的研究，按照人自身的能力與外在的挑戰（也可以說成「冒險」）兩個座標軸建立了一個符合實際的心流八通道模型，如圖 2-2 所示。

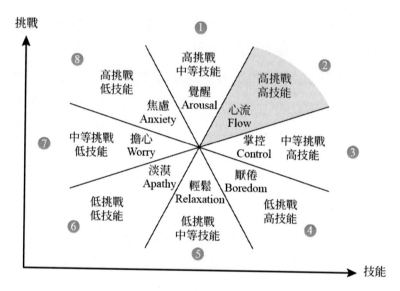

圖 2-2 心流八通道模型

　　在這裡進一步說明，當外在挑戰水準高與個人能力水準高相結合時，會使人產生心流體驗；外在挑戰低與個人能力低相結合時則會出現冷漠體驗；外在挑戰低與個人的能力水準高相結合時會感到厭倦；外在挑戰水準高與個人能力水準低相結合時會產生焦慮；當外在挑戰水準高時而個人能力水準中等時，個體會出現一種覺醒狀態；當外在挑戰只是稍大於個人能力時，個體會出現擔憂等心理體驗；當個人的能力遠高於其所面臨的挑戰時，個人能毫不費力地應對挑戰，就可能產生輕鬆感和控制感等心理體驗。

3. 心流體驗的特徵

當人處於心流狀態時，會有以下 9 種特徵：第一，體驗活動本身會成為活動的內在動機；第二，人的注意力會高度集中於當前所從事的活動；第三，自我意識會暫時消失，如忘記了自己的身分、忘記了飢餓和疲勞等；第四，行動與意識相融合，就是出現所謂的「言行一致」的狀態；第五，出現暫時性體驗失真，如覺得時間過得比平常快等；第六，對當前的活動具有較好的控制感；第七，具有直接的即時回饋；第八，個體所感知到的活動挑戰性與自身的能力水準相匹配；第九，有明確的活動目標。

4. 最優體驗與高峰經驗之比較

馬斯洛的「高峰經驗」是從人類超越性存在的觀點出發，獲得自我實現的高峰經驗的。這種體驗與契克森米哈伊的「最優體驗」有共同之處，即「忘我」的境界。但它們的出發點卻完全不同 —— 馬斯洛是從哲學的超越性出發，含有濃厚的意念論傾向；而契克森米哈伊從現象出發，提出了一個最基本的問題：人為什麼會專心致志、渾然忘我？這個現象會在人們所有的行動中得到展現，如閱讀、靜坐、瑜伽、寫作、思考、休閒等。最優體驗在人類生活中普遍存在，它不是一種境界，也不是會恆常存在的現象，而是人在生活中

經歷掙扎、挑戰的瞬間所展現的靈光，而並不是像高峰經驗中談到的是獲得自我實現後的體驗。

⑤ 產生心流所需要的條件

心流的產生至少需要 3 個基本條件：第一，所從事的活動要有明確的目標，如體育比賽、下棋、爬山、藝術創作等活動；第二，要有即時回饋，即能及時得到結果的回饋，它能讓人了解自己做得如何，可以判斷自己是否需要改進；第三，個人的能力水準與活動的挑戰水準要相匹配。因為如果挑戰難度過高，會令人深受挫折，接著是擔憂，最後是焦慮；如果挑戰過於容易，個體能力完成綽綽有餘，那也會讓人感到無趣。只有挑戰的難度與人的能力水準相匹配，才能讓人全身心投入，才可能觸發心流。

⑥ 評測心流體驗

心流體驗本身是在意識、感受或感覺層面，我們很難評估個人是否產生了心流以及程度如何。要評測心流體驗，我們可以採用更為直觀的方式。運用「學習活動沉醉感量表」，可以進一步認知心流體驗，如表 2-1 所示。

（請根據你在選定的活動中的體驗回答下列問題。這些問題可能與你在參與活動過程中體驗到的想法與感受有關。

你可能有時、總是或從未體驗過這些感受。答案無對錯之分。回想一下你在活動過程中體驗的每一感受的頻率，在與你的體驗最匹配的數字上畫圈。答案沒有「正確」和「錯誤」之分，你認為實際情況是什麼樣的，就怎樣選擇。請對每一題做出回答）

表 2-1 學習活動沉醉感量表

當你投入到學習活動中時	從未	很少	有時	經常	總是
1. 活動的體驗讓我感到欣喜	1	2	3	4	5
2. 活動中我清楚自己要做什麼	1	2	3	4	5
3. 活動中，我不關心別人可能會怎樣看待自己	1	2	3	4	5
4. 活動中，我感覺到時間比平時過得快	1	2	3	4	5
5. 活動中，我知道自己該如何表現	1	2	3	4	5
6. 對我來說，活動本身的體驗是一種最好的獎勵	1	2	3	4	5
7. 活動中，我全身心投入，並想再次體驗這樣的活動	1	2	3	4	5
8. 活動中，我很清楚自己的表現如何	1	2	3	4	5
9. 我沉醉於投入活動學習中的感覺	1	2	3	4	5

此表格內容參考了陽志平等編者的《積極心理學》中「青少年學習活動沉醉感量表」

7. 培養心流體驗

我們想像一下，不單指學習活動，不管我們做什麼事情，都能一邊樂在其中，一邊又能不斷成長，那該是多麼美好的事情，那將會讓你感受到一種最佳狀態。所以，我們很有必要採取一定的措施提升心流體驗。各位讀者可以參考以下舉措。

（1）建立清晰的目標。確定清晰的目標才能持續投入精神力量，讓個人獲得循序漸進的經驗感受。

（2）立即回饋。行為主義者的研究告訴我們，即時回饋將迅速強化個體的行為。但大多數人將回饋的權力放在了別人的身上，所以常常感受不到期望的回饋。而自己才是對自己行為最為直接的回饋人，所以人們應適當調整對自己行為回饋的期望，才能使自己獲得更多的心流體驗。

（3）全神貫注，盡全力接受挑戰。有一個簡單的辦法：想像你正在從事一項你最喜愛的活動，如跑步，你將全部精力都放在跑步上，關注你做出的每一個動作以及身體的變化，讓自己完全沉浸在這種情境中，陶醉在這樣的感受中。

8. 產生心流活動的種類

（1）競爭。包括以比賽爭雄為主的遊戲和大多數體育活動。但只有在注意力集中於活動本身時，競爭才能改善體驗，如果你在意的是外在目標，如打敗對手、給旁觀者留下深刻印

象、贏得利益，那麼競爭就只是令人分心的因素，不構成誘因。

（2）投機。即賭博，它能產生一種控制不可知的未來的錯覺，如古人用擲錢幣落地的正反面來預卜吉凶。

（3）眩暈。此類活動會攪亂正常的知覺，使意識發生改變，令任何能改變我們感知現實的活動都充滿了樂趣。例如，小孩子喜歡轉圈圈，直到轉到頭昏為止。

（4）模仿。創造另一種現實，經由幻想、扮演或假裝，使我們自覺超出現實的限制。舞蹈、戲劇及一般藝術屬於此類。

活動以這 4 種不同的方式提供超越日常體驗的機會。這樣的活動，不論涉及競爭、投機還是其他形式的體驗，都有一個共同點：它帶來一種新發現、一種創造感，把當事人帶入新的現實，它促使一個人有更好的表現。

9. 將心流應用到體驗活動的設計之中

在體驗式培訓中我們會有大量的活動，契克森米哈伊的心流理論為體驗式教學工作者提供了很有價值的參考。心流體驗可以作為提升團體互動效果的有效工具，並透過團體動力的作用來實現。

在體驗式教學工作中，引導者盡力讓學習者進入心流體驗，這樣可以讓學習者學得快樂，也可以讓引導者帶得輕鬆，可以收到事半功倍的效果。結合自己的教學經驗要做到

這一點，引導者可以從以下方面入手。

（1）激發內部動機。在學生時代，經常聽到老師說：「學習本身是很苦的，但學習取得成功是很快樂的，所以同學們要刻苦學習，才能取得成功。」長大了以後發現，其實學生的學習結果並不是學習的全部，那只是被外界有意無意地不斷強化的想法，讓學習者更多地關注學習的結果，而忽略了學習的過程。教育學家約翰‧杜威曾說過：「教育的目的，就是沒有目的，因為教育本身就是目的的全部。」

我們在設計教學活動時，如果活動本身就有趣好玩，那學習者就能夠沉浸在活動中，獲得快樂、掌握知識、習得技能。無論青少年還是成年人，都是如此。

（2）控制活動的難度。我們在設計提升學習者心流的團體活動時，要注意使任務有適度的複雜性與難度。人只有在外在的高水準挑戰和個人的高能力水準相結合時，才會進入心流體驗。我們應盡可能地根據學習者的能力分層設計活動，並在充分了解學習者的能力的前提下，根據學習者的能力設計適當高於該能力但又不脫離其「成長圈」的活動或任務。

（3）即時回饋。這裡的回饋，不單指引導者給學習者的回饋，同時也包含學習者自身以及相互之間的回饋。很多時候我們可以沉浸在活動中，在活動過程中獲得快樂、掌握知

識及習得技能，但我們在帶領體驗式培訓的過程中，總是會被學習者問到這個活動最好的成績是多少、他們的成績表現怎麼樣等問題，這說明人們對活動的結果還是抱有期望的。所以，我們既要注重學習的過程，也要考慮學習的結果。在學習活動中，我們可以考慮使用正向、積極的語言對學習者的行為提供即時回饋，也可以透過引導，讓學習者自己以及相互之間進行回饋，這樣可以讓學習者既享受學習的結果，同時也回味活動的過程，引導的價值在這裡就不言而喻了。

（4）在減少干預的同時，增加適當的背景音樂。集中注意力是提升心流體驗的重要條件，所以設計活動有時還應考慮到對干擾因素的控制。許多研究都證明，增加適當的音樂，有利於集中學習者的注意力，並能增強學習效果。

關於提升心流的體驗活動的設計思路，可以涉及以下幾個方面：明確活動目標及其規則；設計活動情境（盡量減少干擾且活動的挑戰性要與學習者的能力相適配）；讓所有的學習者進入活動情境之中，參與活動；讓學習者暢所欲言，探討對活動的感受與領悟；引導學習者互動，並且提供即時和持續的回饋。

▌認知失衡論

❶ 認知、情感與行為的關係

我們可以把人的心理結構分為 3 個重要的系統，即認知、情感和行為系統。認知是指我們對某事或某對象的看法，如有人認為社會是黑暗的、老闆是貪得無厭的之類。情感是「人對客觀事物是否滿足自己的需要而產生的態度體驗」，如喜、怒、悲、恐、愛、憎等。行為當然就是大家在日常生活中所表現出的一切活動。這 3 個系統互相影響，互相制約，共同決定了一個人的生活狀態。

認知會改變我們的情感，這是毫無疑問的。關於認知改變情感的例子有很多。有這樣一個故事：一位母親發現自己的小女兒把書房弄得很亂，紙板被剪成了碎片，膠水流了一地，她很生氣，想馬上找女兒訓斥一頓；但當她在臥室裡找到自己女兒的時候，看到女兒已經在地上睡著了，身邊放著一張自製的卡片，上面寫著「媽媽生日快樂」，她的心中突然湧起了喜悅和激動之情。

（1）情感也會反過來影響認知，特別是一些比較鮮明的情感。我們很多人都經歷過一些曾經給我們帶來巨大創傷的事情，經歷了這些事情後我們的認知有時會產生巨大的轉變。如果一個女孩失戀了，經歷了失戀的痛苦，那麼她的心

中可能會出現「天下的男人沒有一個好東西」的念頭，並對以後的戀愛抱有戒心。當然，要是這類事情發生的時候，我們的情感並不是那麼強烈，那麼對我們認知的改變也並不會很大。

（2）認知也會影響我們的行為。如某位作者所說：「認知不但決定我們感受事情的方式，而且會對我們的行為方式產生重要的作用。一方面，認知可以激勵我們去做那些與目標一致的事情，如跟朋友保持連繫、堅持鍛鍊、培養業餘愛好或者去解決某個不容易的問題。另一方面，認知也可以產生自我挫敗的行為，例如，辦事拖拉，傷害我們所愛的人，把自己孤立起來，或者忽視自己的健康。也就是說，認知既可以產生有益的行為，也可以產生有害的行為。」

（3）情感也會影響我們的行為。有一篇文章這樣寫道：情感對人的行動既可造成「積極的增力作用」，又可造成「消極的減力作用」。積極的情感，如快樂、熱愛、興奮等，能明顯地提高人的活動積極性，驅使人行動，產生「增力」的作用。人們平時說的「人逢喜事精神爽」指的就是這類情形，就是說積極的情感能使人精神煥發、幹勁倍增。消極的情感，如悲哀引起的鬱悶，會削弱人的活動能力，有著「減力」的作用，使人精神不振，心灰意冷。

（4）行為也會反過來對情緒和認知產生影響。改變行

為，就有可能改變我們的認知和情感。例如，某人在心理諮
商師的鼓勵下主動與他人交朋友，就改變了他過去認為的
「沒有人喜歡我，沒有人願意與我交往」的想法，過去一與
人接觸就緊張的情緒也得到了緩解和消除。當我們完成了一
些原以為十分困難的事情後，我們可以重新認識到這些事情
並沒有以前想像中的那樣困難，以後再面對類似的事情時也
不會像以前那樣出現困擾和畏難的情緒。

　　關於認知、行為、情感三者之間的關係，如心理學家所
說：「認知是情感的源泉，以情感為導向；情感是行為活動
的源泉，以行為活動為導向；情感最初是從認知中逐漸分離
出來的，它又反過來促進認知的發展；行為活動最初是從情
感中逐漸分離出來的，它又反過來促進情感的發展；認知、
情感與行為活動相互滲透、相互作用、互為前提、共同發
展。」一個心理健康、生活幸福的人，認知、行為、情感之
間是協調的。如果不協調，就可能出現問題，就可能讓我們
失去幸福感。例如，一個人知道沉迷於網路遊戲不對，但實
際上卻天天都玩得很久，結果每次玩的時候心中就湧現出了
內疚和自責等負面情緒。然而，認知、情感與行為的失衡狀
態並非沒有積極作用，因為在行為改變理論中，讓人跳出舒
適區，進入最佳焦慮區或學習區時，會促使人在接受挑戰、
達成挑戰時，獲得大量的學習與成長。

2. 認知、情感與行為的失衡

　　失衡是指人們察覺舊的思考模式與新資訊不相吻合，由於人生來就有行動和希望被理解的驅動力，因此這樣的不一致或不吻合，會導致人的內在矛盾衝突，促使個體將新知識納入原有架構或調整現有的認知。皮亞傑（Jean Piaget）將這些量變與質變稱為「調適」與「同化」，如圖 2-3 所示。

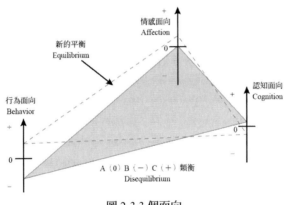

圖 2-3 3 個面向

　　教育心理學中常常會提到認知、情感與行為這 3 個面向，體驗式培訓的引導者應積極營造一個有安全感及失衡感的情境與體驗，才能更有效地促進學習。體驗式培訓的方法是透過人們在認知、情感與行為 3 個面向的失衡、不一致和不協調，引導學習者反思，從而進行自我覺察，探索新的平衡。

　　這裡舉一個例子：在進行體驗式培訓教學工作中，有一個活動叫「金箍棒」，參與者需要兩兩面對，伸出雙手的食指，

將一根軟質的棍子從胸前一起往下放，放到蹲下為止；其間不可以藉助其他任何工具或物品，只能使用食指，而且一旦團隊中有人的食指離開了棍子，就要重來。這個活動有趣且具有挑戰性的地方在於，看上去活動本身一個人很容易完成，只要跟著棍子一起往下、將棍子放下就可以了；但不容易的地方在於團隊成員要一起往下，過程中很容易失去平衡，同時誰都不願意離開棍子，棍子反而會不斷往上升而不是往下，這樣就造成了認知與行為上的失衡狀態。透過這樣的情境體驗，參與者會產生許多方面的覺察，如個人與團隊的關係、領導與配合、溝通、信任、衝突等，這樣的經驗以及引導反思，讓參與者透過該活動的認知、情感與行為重新評估自身，就有了改變。這只是一個簡單的活動案例。其實，引導者的任務無非是帶領參與者經歷一次又一次的失衡，在嘗試尋找平衡點的過程中探索自我、發現學習的價值。

▌團隊發展論

事實上，體驗式培訓通常是透過團體的活動、共同的反思、交流探討的方式來開展學習。這樣的學習方式使引導者有必要了解一群人聚到一起共同互動時會發生什麼，團隊在

發展過程中會發生什麼，有什麼規律可循，引導者應該用什麼樣的領導風格來面對團隊不同的狀態。我們需要對團隊發展的理論做些了解，這有利於引導者對團隊的觀察以及滿足團隊發展的需要。

❶ 團隊發展結構模型（Team Development Model）

英國管理學大師、全球首位領導學教授約翰·阿代爾（John Adair）提出的以行動為中心的領導力理論（ACL，Action Centered Leadership）在領導者的甄選和培訓中得到了成功的應用，被公認為領導學領域的真理。以行動為中心的領導力理論（ACL）以團隊發展結構模型即三環模型（Team Development Model）為核心將各個要素整合起來。

（1）三環模型。

事實上，工作團隊總是千差萬別的，如同個體之間千差萬別一樣。一個團隊的成員聚到一起後不久，就會形成一個團隊個性。在一個團隊中非常有效的個性，如果換到另一個團隊就很有可能失去其效果。因此，所有的團隊和組織都是獨一無二的。但是，這只是事情的一面，事情的另一面是，任何一個工作團隊都有共同的特定需要，如同每一個個體那樣。圖 2-4 為 3 個相互重疊的需要領域，這些需要領域無疑是相當重要的。

圖 2-4 三環模型

　　人們在經過一段時間的合作後，所有的工作團體都形成了自己獨特的團體特徵，同時，所有的工作團體也存在 3 種共同的需求：完成共同任務的需求（任務達成需求）；團結在一起或者維持為一個小組的需求（團隊建構需求）；個人加入團體、成為團體一員而帶來的需求（個人發展需求）。分別用 3 個環代表這 3 種需求，3 種需求之間的關係就如同 3 個相互交疊的圓環，相互影響、相互作用。用一枚硬幣遮住「任務達成」這個環，則其他兩個環的一部分也被遮住，這意味著一個工作團體未能完成任務將加劇團體的分裂趨勢和降低團體成員的滿意度；用硬幣遮住「團隊建構」環，其他兩個環的一部分也被遮住，這告訴我們一個人際關係不和諧、沒有團隊凝聚力的團體將不能有效完成團隊任務和滿足團體成員的個人需求；同理，我們能夠得出，個體需要得不到滿足的團體成員將不能為團體任務和團體團結做出積極的

貢獻。相反，團體任務的完成將增強團體的團結和個人需要
的滿足程度；一個團結的團體將能夠很好地完成團體任務，
並為個體提供令人滿意的氣氛；一個在個體需要方面得到承
認和滿足的個人將在完成團體任務和維護團體團結方面做出
自己積極的貢獻。領導者的工作就是滿足這 3 種需求。三環
模型是動態的，而不是靜態的，哪個環（哪種需求）在領導
者的頭腦中占主導地位，這完全取決於團隊所處環境以及團
隊發展的狀態，但領導者需要在更長的時期內使它們保持平
衡。阿代爾教授認為團隊發展結構模型（即三環模型）是領
導學領域一項重大的發現，可以和物理學領域愛因斯坦的相
對論相媲美，它形式簡單但內涵豐富，如圖 2-5 所示。

個人發展
1. 提供支持及關照
2. 尊重個人的價值差異
3. 澄清角色及責任
4. 發展領導潛能
5. 設定個人目標
6. 回饋及評估
7. 訓練及發展
8. 鼓勵承擔風險
9. 貢獻團隊
10. 促進正向的態度
11. 了解個人的動機

任務達成
1. 規劃及組織
2. 檢核品質
3. 問題解決
4. 確認資源
5. 收集相關訊息
6. 了解時間限制
7. 有效運用資源
8. 改善流程
9. 工作再設計
10. 調整工作負荷
11. 設定優先次序

團隊構建
1. 了解目的、目標
2. 鼓勵全員參與
3. 分享領導的角色扮演
4. 發展團隊規範
5. 挑戰團隊現狀
6. 開放、溝通
7. 發展人際關係技能
8. 共同分享及反思任務
9. 共同慶祝成功的經驗
10. 創造相互關係
11. 發展團隊的共同願景

圖 2-5 團隊發展結構模型

（2）三種需要的簡要說明。

①任務達成需要

　　每個組織都有自己的經營目標或任務，或是為了盈利，或是為了生產產品，或是為了提供服務等等。因此，組織中的管理者都需要接受上級的指示以實現這些目標。只有達成上述目標，才是一位成功的管理者。由同一位領導者領導的員工應該具有一個共同的目標，他們需要共同努力以實現這一目標，管理者也需要把該團隊向著這個方向引導。

②團隊建構需要

　　為完成上述目標，團隊成員之間要團結，整個團隊要保持一致。整個團隊必須在一個和諧的氛圍下工作，所有成員都要努力實現一個共同的目標。團隊成員間的爭執與衝突應得到有效的利用，以促進討論，為組織帶來新的觀點，促進組織發展。同時避免這些衝突給組織製造緊張氣氛或影響合作。

③個人發展需要

　　團隊由不同的個體組成，每個個體都有其需要。個體需要了解自己的責任以及能對團隊整體績效做出的貢獻。對於個體的工作績效，管理者應給予定期回饋。另外，團隊中的每個個體都應該有機會展示並發掘自己的潛力、接受責任、

得到認可、受到鼓勵。如果工作完成得很出色，他們也應該得到來自管理者的積極回饋。

（3）3 種需要之間的相互作用。

這 3 種需要相互重疊，相互影響。例如，如果團隊達成了任務，則會繼續建立這個團隊並會滿足團隊中的個人發展需要。如果缺乏團隊的凝聚力，即沒有能夠維持好這個團隊，則任務績效會明顯受到影響，個體成員的滿意度也會隨之降低。團隊發展結構的三環模型簡單明瞭，但並非過於簡單化或淺層次的模型，而且也並不是像圖中那樣清楚平衡。

引導者對團隊發展結構模型的理解，有助於在帶領團隊活動時協助團隊經常關注到團隊發展過程中三方面的需要，而不僅僅只是關注任務達成的過程而忽略了建構人與人的關係，以及個人的發展對團隊的影響。同時，也能為引導者在引導討論的過程中提供引導的方向與探討的話題。

❷ 團隊發展階段理論

所有的團隊都是獨一無二的、複雜的有機體，整體的團隊和成員的集合是有差別的。打造一個高績效的團隊以及了解高績效團隊的特徵和需要是非常有必要的，這會給我們帶領團隊提供一個目標去瞄準。但是，團隊並不會一開始就具備高績效團隊的特徵，其成長也經過一系列的發展階段。

在眾多關於團隊發展的研究中，塔克曼（Bruce Tuck-man）先生的團隊發展階段理論值得借鑑，如圖2-6所示。對於團隊的帶領者和團隊成員來說，如果要打造成功的團隊，必須了解團隊的發展階段以及每個階段的特徵和需要。確定團隊發展階段和評估團隊的需要，這種能力要求從旁觀者的角度把團隊看成一個整體，而不是只關注個體行為和需要。

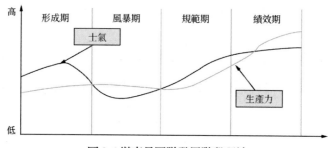

圖 2-6 塔克曼團隊發展階段理論

（1）生產力和士氣。

定義團隊發展階段的兩個變數是生產力和士氣。生產力是指完成工作的數量和品質，這取決於成員協調自己的知識、技能和清晰的目標的能力以及評估資源需求的能力。士氣是團隊達成目標過程中的自信、動機和統一性。團隊發展階段模型清晰地顯示了在團隊發展階段中生產力和士氣是如何深化的。

當一群人第一次集合在一起時，他們不能完成很多工作，他們甚至不了解對方。隨著時間的推移，隨著他們學會了如何一起工作，他們的績效應該會逐漸上升。如果這種情況沒有發

生，那就說明存在一些嚴重的問題，也許還有領導力的問題，也許是目前的團體不具有優秀績效所需要的技能。

還有一開始士氣很高，然後會突然低落的情況。除非是被強制加入的情況，員工通常會因為進入一個新的團隊而充滿熱情。當團隊工作中的現實困難逐步顯現時，最初的熱情很快就會消散，你會聽到員工說：「為什麼我會同意加入這個團隊呢？」當差異性逐漸被揭示出來後，員工最初的挫折感會慢慢消失，一起工作變得更容易了，團隊開始獲得成果，士氣也開始再次提升。最後，士氣和生產力都很高，而團體也變成了高績效團隊。

評判生產力和士氣的高低，這是一個比較簡單明瞭的方法，它可以定義一個團隊的發展階段，並且了解團隊在任何時間和任何方面的需求。

（2）團隊發展的 4 個階段（表 2-2）。

表 2-2 團隊發展的 4 個階段

團隊／個人 加強互助合作技巧，形成默契，達到自動自發	團隊／個人 具有基本合作技巧的團隊能達成簡易的任務
* 清楚明白職責 * 了解彼此的行事風格 * 目標明確 * 任務為先，目標第一 規範期（Norming）：凝聚力形成	* 各有想法及意見 * 個性相異而產生衝突 * 意見分歧 * 權力運用 風暴期（Storming）：衝突產生

績效期（Performing）：彼此信賴，相互依靠 * 著眼於各項任務的完成 * 釐清角色扮演與職責所在 * 能吸引吸收新成員	形成期（Forming）：依賴、依靠 * 提出問題 * 界定角色 * 了解目標及任務
團隊／個人 在各方面有良好的互動技巧	團隊／個人 彼此了解有限

摘錄自 Tuckman's stages of group development 和 Blake and Mouton's managerial grid。

①形成期

除非是被強迫加入的，大部分團隊成員都十分渴望在團隊中工作。然而，成員常常抱有過高的、不太現實的期望，伴隨這些期望的是一系列焦慮，即如何實現這些期望、他們對別人的信任程度如何、對他們會產生什麼需求。同時團隊成員還不關注團隊的規則、角色、目標和時間。

這個階段的成員在目標和方向上對領導者的依賴是很高的。儘管成員在這個階段會小心翼翼地越一越雷池並有點以自我為中心，但總體來說這些行為都是短暫的，而且會比較友好。在這個階段，士氣是偏高的，生產力是較低的。這一階段持續的時間取決於任務的清晰度與困難程度，也取決於成員是否對團隊應該如何一起工作清晰明瞭。

②風暴期

在團隊已經具有了一些發展經驗時，士氣會逐漸低落，

這是由成員的期望與現實之間的落差造成的。在風暴期，開始出現發牢騷的成員，他們在完成任務和一起工作中遇到困難時會產生困惑和挫折感，同時對領導者的不滿也越來越強烈。彼此間的負面互動漸漸產生，形成小團體，造成團隊的分化。溝通的失敗和問題的無法解決會導致更低的信任。這個階段的生產力在一定程度上會有所提升，但會被低落的士氣牽制住。

風暴期的挑戰是幫助團隊解決問題，也就是關於權力、控制、衝突以及如何一起有效率工作的問題。在這一階段花費的時間取決於問題能在多快的時間內解決。在這一階段，團隊很可能會停滯不前，會持續地出現士氣低落和相應的缺乏生產力的問題。

③規範期

由低到高的生產力以及可提升的士氣象徵著一個團隊處於規範階段。在風暴期遇到的問題被解決，士氣開始提升。團隊的現狀使成員更自如地一起工作，任務的執行力和技術能力得到提高，這些都帶來了積極的情緒體驗，團隊規則、團隊目標、價值觀、角色等越來越明晰。信任和凝聚力得到提升，溝通變得更以目標為導向。

團隊成員開始接受彼此的差異性，團隊開始以「我們」的形式思考。但新發展出來的信任和凝聚力是脆弱的，團隊

成員傾向於避免衝突，以免失去積極的氣氛。這種不願意面對衝突的情況會減慢前進的步伐，會導致決策的無效率。這一階段的挑戰是要讓成員學會共享領導權，此階段可能會很短暫，但這取決於解決不滿情緒和整合新技能的難易程度。如果團隊成員太過於關注避免衝突，那麼團隊很有可能會退化到風暴期。

④績效期

在績效期，生產力和士氣都很高，並且能互相強化，成員對成為高績效團隊的一員感到非常激動和自豪。首要的關注點放在績效、目標和角色上，這一點非常清晰，設立的標準要高，同時要發展目標可提高的使命感。團隊成員對自己的執行力和克服障礙的能力很有信心，對自己的工作感到自豪，而且成員很高興能在一起工作。溝通是開放的，領導權是共享的，彼此的尊重和信任是團隊的規範，團隊很靈活。績效期的挑戰是在新的挑戰和持續成長中如何保持團隊的績效。

（3）需要注意的兩點。

第一點，團隊並非會一直遵循形成期、風暴期、規範期、績效期這樣的歷程。每一個團隊都是獨特的，所處的環境、狀態也是相當複雜的，所以團隊在發展過程中，時常會因受到內外因素的影響而產生變化。例如，團隊發展到規範

期，因為團隊領導者的更換或者有成員加入，團隊的發展階段很有可能發生變化，甚至因為新上任的領導者風格的問題直接導致團隊退回到風暴期。另外，當團隊的任務發生變化，也會對團隊發展產生較大的影響，如團隊在績效期接受了新的挑戰，團隊很有可能需要增加更多的成員，以及掌握新的工作技能，才能勝任當下的任務，這時團隊很有可能又會回到形成期而重新開始。所以，團隊的發展並非一成不變的，我們要時刻關注可能影響團隊發展變化的因素。

第二點，團隊發展階段理論並非說明只有績效期才是最好的團隊狀態，而是說明團隊發展過程中需要走過的階段，以及各階段的特徵。就像情境領導中並非有一種最好的領導風格，而是要學會評判，以便更好地關注團隊當下所處的狀態，採用更為合適的方式，幫助團隊更好地達成任務、建構團隊以及團隊成員發展。

❸ 團隊發展結構模型與團隊發展階段的配合應用

我們知道，在團隊發展過程中需要照顧到任務達成、團隊建構以及個人發展三方面的需要，三者相輔相成，相互影響。然而，配合團隊的發展階段，團隊這三方面的需要在團隊不同的發展階段裡並非平等的關係。團隊成員，尤其是團隊的領導者需要了解在團隊不同的發展階段所要關注的焦點

是什麼，可簡單理解為在團隊不同的發展階段，發展的側重點並不相同，如圖 2-7 所示。

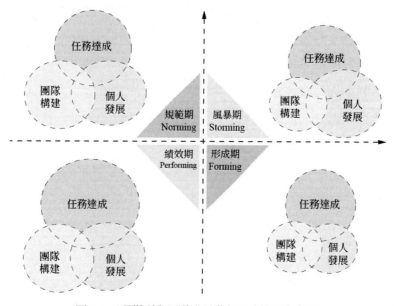

圖 2-7 三環模型與團隊發展階段理論的配合應用

（1）形成期：團隊成員剛剛聚到一起，彼此之間並不熟悉，團隊的合力還未形成。這時，成員們需要找一個足夠充分的理由來說服自己留在團隊裡。這個時候，說明團隊任務、確定團隊目標、確定團隊工作角色等顯得相當重要。所以，形成期的側重點在於照顧團隊任務達成的需要，至於建構團隊以及個人發展的需要，照顧得還比較少。

（2）風暴期：團隊成員彼此產生衝突，制定的任務看

上去並不那麼容易完成，情緒化的狀況在團隊中顯現，領導者的權力也受到極大的挑戰。這時，除了進一步說明團隊任務、照顧達成任務的需要外，也需要關注團隊成員個人發展的需要，否則會導致個別成員退出團隊。

（3）規範期：團隊成員彼此建立了新的信任關係，各自的工作角色逐漸清晰，團隊的績效也達到一定的水準。這時，除了完成團隊任務以及個人發展的需要外，應更多地關注團隊建構的需要，要發展團隊的規範、建立成員之間的關係、營造團隊的氛圍等。

（4）績效期：團隊成員能接受更高任務的挑戰，成員彼此更加信任，領導權被分享。這時更要關注團隊任務達成的需要，因為需要給予團隊更高任務的挑戰、重新確定團隊的目標等。

❹ 情境領導與團隊的發展階段配合

體驗式培訓課程通常都是在團隊體驗活動中展開的，所以引導者在帶領活動時，對於所帶領的團隊，無論是對其在真實的世界裡所處的階段還是在學習狀態下所處的團隊發展階段的了解，對於引導者帶領團隊都具有很大的實用價值。同時，知道當下團隊所處的階段後，引導者就能更清楚在不同階段所應扮演的領導風格。

　　這裡需要澄清一下，大多數同業認為引導者只以提供活動體驗以及反思提問來幫助參與者學習，而不應該進行講授或說教式教學。這是一種誤解。在其他領域，引導者在進行會議研討時，更多的是一個流程的制定者，是過程專家與中立者，無須對研討內容進行干預。然而，在體驗式培訓領域，對於課程的帶領者來說，需要在開展團體活動的過程中不斷察覺團隊的發展階段，以及運用情境領導不斷調整帶領團隊的風格，以幫助參與者學習知識、掌握技能，並透過團體共同學習的方式加強學習的效果。所以，體驗式培訓除了帶領活動與引導反思外，並不排斥進行指導性講授教學。但是需要注意的是，這種講授式教學的目的不是給予參與者所謂的正確答案，而是引發他們進行學習反思，讓參與者聚焦內容，加強參與者之間的交流與討論，提高參與者的學習效率。

　　情境領導模型依據指導性行為與支持性行為，發展出 4 種領導風格。當我們把 4 種領導風格與團隊的發展階段結合起來時，我們就有了一個用合適的領導風格匹配每個階段的框架，如圖 2-8 所示。

　　對引導者來說，要確定合適的團隊領導風格：第一步要判斷與其團隊的任務目標相匹配的發展階段，既要考慮團隊達成任務目標的生產力，也要考慮團隊的士氣。接下來要確定團隊的發展階段在團隊發展模型上的位置，在這個位置上

引一條垂直線與情境領導模型的曲線相交，得到的交點就是
合適的團隊領導風格。

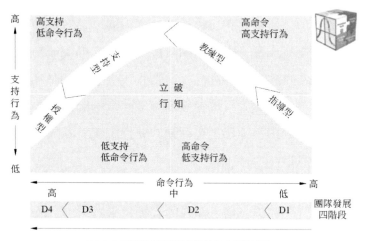

圖 2-8 匹配團隊發展階段的領導風格

在團隊的形成期，指導型的領導風格是合適的。在形成
期，參與者相當渴望指導型的領導風格，他們的期望很高，
士氣也偏高，但是由於缺乏關於對團隊任務和團隊成員的了
解與認識，達成團隊任務的績效相對較低。在此階段，引導
者需要向團隊表達期待，幫助團隊建立共同的目標，引導學
員加強溝通，增進人際互動，讓團隊成員彼此了解，盡快熟
悉起來。例如，在團隊形成之初，安排相對安全與簡單的任
務，進行團隊破冰，協助團隊熱身，加強溝通，建立初步的
信任關係。

　　風暴期，是團隊發展過程中最為艱難的階段，團隊衝突產生、團隊最初的期望與現實產生落差，任務看上去比想像難，團隊成員產生挫折感和困惑，團隊士氣低落。在這個階段，教練型領導風格是比較合適的。引導者需要運用適當的方法管理衝突，進一步加強團隊成員間的互動與溝通，讓團隊成員發展對情緒掌控的能力，管理 EQ，發展團隊共同解決問題的模式。引導者可以考慮安排多回合的問題解決活動，讓活動的挑戰由易到難，在活動的進行中樹立團隊成員應對風暴期的信心。

　　規範期，團隊的士氣和融洽程度明顯提升，團隊成員學會合作並一起完成任務，團隊的互動越來越有序，確立了團隊規範。此階段適合支持型領導風格。引導者需要引導團隊成員反思團隊是如何發展到此階段的，協助團隊成員理解自己在團隊中的角色與職責，幫助團隊成員在充分溝通與討論的前提下發展團隊決策的方式，並進一步加強領導與配合。在活動帶領過程中，引導者可以考慮安排活動前需要討論然後執行的活動，並透過引導提問，讓團隊成員認識自己在團隊中所承擔的角色，探討團隊完成任務的關鍵要素。

　　績效期，團隊成員彼此的關係更為融洽，能在團隊中各自發揮所長，自發採取行動；每個人的角色清晰，形成合力，對團隊的向心力、榮譽感強烈。此階段，授權型領導風

格是比較合適的。在此階段，引導者更多的是作為旁觀者，
幫助團隊學習，透過引導團隊成員討論讓他們了解團隊發展
過程中需要考慮的因素，反思團隊成功的經驗，提供更高的
挑戰任務，激發團隊成員挑戰現狀、創造性地解決問題，幫
助團隊成員提升對團隊的使命感與向心力。此階段，引導者
可以考慮安排規則較為簡單的、需要突破思維、有多種多樣
的方式能夠完成任務的活動，讓團隊成員透過實踐得到更多
的學習經驗。

衝突管理策略

　　近百年來，人們對衝突的認識有 3 種不同的觀點，即關
於衝突的傳統觀點、人際關係觀點和互相作用觀點。傳統觀
點認為，衝突是不利的，衝突會為組織造成消極的影響，因
此應該盡可能地避免。人際關係的觀點認為，衝突必然存在
於所有組織之中，應該接納衝突，並認識到衝突可以為組織
帶來好處。現在普遍接受的是衝突的辯證觀點 —— 相互作
用觀點。該觀點認為，過於融洽、安寧、合作的組織容易對
變革的需要表現為靜止、冷漠和遲鈍，因此領導者的任務是
維持適度的衝突；當組織內部衝突太多時，應設法盡力消除

衝突；當組織內衝突太少時，應透過各種方式適度地激發衝突，以維持組織的生命力。儘管衝突是一種普遍的現象，衝突管理是一個過程，應該對衝突進行管理。

在體驗式培訓過程中，有著許多的人際互動行為，包括引導者與學員之間的互動、團隊成員之間的溝通、學員對於活動的體驗、課程內容與學員的理解等，這些都很有可能產生衝突或者對立。理解衝突以及學習衝突的管理策略，可以幫助引導者思考當遇到衝突時如何辨識衝突，以及當下應該採取何種策略來面對衝突。

在衝突管理中，應用最廣的策略模式是美國行為科學家湯瑪斯（Kenneth Thomas）和基爾曼（Ralph Kilmann）提出的衝突模型。衝突模型中的橫座標「人際導向」表示衝突主體在追求自身利益的過程中與對方的合作程度，也就是其試圖使他人的關心點得到滿足的程度；縱座標「任務導向」表示衝突主體使自己的關心點得到滿足或堅持己見的程度。衝突模型以衝突主體的潛在行為意向為基礎，透過這樣的縱、橫座標軸，定義了圖 2-9 所示的衝突行為的模型，並組合形成了通用的 5 種衝突管理基本策略。

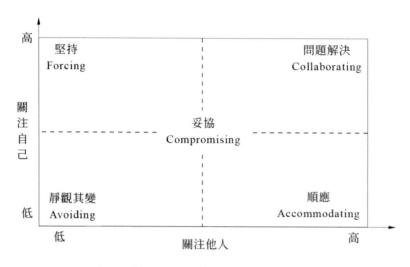

圖 2-9 湯瑪斯 —— 基爾曼：衝突解決模型

引導者需要依據實際帶領團隊學習的不同情況，採取不同的策略來處理衝突。對 5 種策略詳細說明以下。

（1）堅持策略。

堅持策略又稱為強制策略，是一種「我贏你輸」的衝突管理策略。使用這種策略，往往是為了滿足自身目標和利益，忽視對方的目標和利益，常常透過權力、地位、資源、訊息等優勢向對方施加壓力，透過使對方退讓、放棄來解決衝突問題。

1. 優點：這種策略執行起來很容易，只需要引導者堅持自己的做法，維持引導者對團隊的掌控，維持培訓的內容與開展方式。

2. 缺點：這種策略會忽視團隊成員的訴求，使用時很可能會讓場面失去控制；同時，引導者會失去學員的尊重。

3. 適用情境：引導者需對培訓的內容保持高度的完整性時；學員在現場是強烈支持引導者的做法時；涉及體驗式培訓的底線、關乎團隊成員的人身安全、出現危機時。

（2）靜觀其變策略。

靜觀其變策略是指暫時既不滿足自己的需求、也不滿足對方的利益需求的衝突管理策略。使用這一策略會忽視雙方之間的差異和矛盾對立，或者僅保持中立姿態，試圖將自己置身事外。靜觀其變策略可以避免衝突問題擴大化。當衝突主體的相互依賴性很低時，可避免衝突或減少衝突的消極結果；但當衝突雙方的相互依賴性很強時，靜觀其變則會產生負面影響。

1. 優點：操作容易，不用費力，主要依靠團隊成員之間的互動來解決衝突，將解決衝突的權力交給團隊；引導者的風險較低，使引導者有更多的選擇；與引導行為所提倡的原則相符。

2. 缺點：靜觀其變的做法可能會導致團隊成員之間的對立，引導者如不做處理，繼續下去可能會導致場面失控；過程中會影響引導者自身的信心。

3. 適用情境：參加學習的團隊成員對於課程內容以及學習

方式有比較高的興趣時；團隊成員對於產生的衝突比較冷淡或者較為忽視時。

（3）順應策略。

順應策略又叫遷就策略或迎合策略，指的是一種高度合作且不堅持己見的策略。引導者主要考慮對方的利益和要求，或接受對方的意願，犧牲自己的利益及意願。通常的順應策略旨在從長遠角度出發換取對方的合作。

1. 優點：使用起來不費力；能降低團隊成員之間以及對引導者的不滿；引導者所冒風險較小；給了團隊成員更多的參與機會，能平息爭論。

2. 缺點：會讓團隊成員覺得引導者預設了衝突行為，很可能導致團隊其他成員的跟風，讓衝突行為惡化，從而影響團隊的學習。

3. 適用情境：需要引導者更多的表現合作時，以及需要建立人際關係時。

（4）妥協策略。

妥協策略指的是一種對他人與自己的關注處於中間狀態，適度地滿足自己的關注點和滿足他人的關注點，透過一系列的協商、讓步，避免陷入僵局的衝突管理策略。妥協策略是一種被人們廣泛使用的處理衝突的方式，它反映了處理

衝突問題的實利主義態度，有助於改善和保持衝突雙方的和諧關係，尤其在促成雙方一致的願望時十分有效。

1. 優點：可以鼓勵團隊成員參與；維持一定的人際關係，維持引導者對團隊的掌控，既考慮到團隊成員的訴求，也關照到培訓的內容。

2. 缺點：使用起來比較費力，不容易做到；對引導者有一定的風險性，很可能會變成一場爭論。

3. 適用情境：參加的團隊成員彼此熟悉，當堅持與積極面對問題的解決策略無法使用時；團隊成員較為堅持，以及引導者需要照顧到培訓內容時。

（5）問題解決策略。

問題解決策略也叫雙贏策略，指的是在高度合作的精神下，盡可能地滿足衝突各方利益的衝突管理策略模式。這種策略必須既考慮自己關注點的滿足程度，又考慮使他人的關注點得到滿足的程度，盡可能地擴大合作利益，追求衝突解決的「雙贏」局面。問題解決策略的前提：第一，衝突是雙方不可避免的共同問題；第二，衝突雙方相信彼此平等，應有平等待遇；第三，雙方充分溝通，信任對方，了解衝突情境；第四，每一方都積極理解對方的需求和觀點，尋找「雙贏」方案。

1. 優點：能做出高品質的決定，強化人際關係，展現出相互溝通、學習與合作的狀態。

2. 缺點：花費的時間過長，可能將時間用在了一些不必要
   的議題討論上。

3. 適用情境：需要充分溝通、大家都很關注的情況；需要
   了解各方的訴求與不同觀點時；需要取得共識時。

　　使用以上 5 種策略需要注意的是，當發生衝突時，大多
數情況下團隊成員都會產生情緒；一旦出現情緒，人們並不
能很理性地看待當下的情境，以及使用合理的策略來面對衝
突和解決衝突。所以，當衝突來臨時，首先需要平復情緒，
尤其是引導者這時要保持足夠的冷靜，對情緒進行管理，然
後看清當下的局勢，尋找合適的策略來解決衝突。

第三章

APPLE 模型

　　體驗式培訓在亞洲的發展有二十年左右的時間，發展出了許多開展形式，但在實際培訓效果上卻參差不齊。在體驗式培訓的具體做法上，有的培訓師比較偏重講授式教學，習慣在體驗活動之後以講者的身分直接告訴參與者在活動中哪裡做得好、哪裡做得不好、哪裡需要注意，並以告知的方式傳授一些管理或領導知識與技能，很多時候偏離了參與者在體驗活動的當下所產生的經驗，導致整個課程的脫節。還有一些人比較偏重體驗活動的豐富與創新，花了大量的時間與精力設計並安排許多的體驗活動，卻對活動後所產生的經驗處理不當，一味強調體驗，難以將當下所產生的經驗與參與者自己過往的經驗連繫，產生學習的意義並將學習到的知識與技能運用到下一個活動或真實的世界裡。以上這些形式都有可能影響體驗式培訓課程的效果，對於參與者當下的學習產生負面影響。總結體驗式培訓在企業或組織學習發展運用中效果不明顯，原因主要有課程的帶領者課前對參加培訓的團隊評估不足、培訓目標理解不清、缺乏足夠的引導技能和活動帶領技能、不當的活動選擇與活動順序安排以及缺乏訓練後的行動等。

　　引導是影響體驗式培訓效果好壞的關鍵因素，是體驗式培訓的核心。引導既是一種方法，也是一門藝術，更是一個過程。引用吳兆田先生對引導反思相當形象的一段描述：體驗式培訓的引導就好比煲湯、做菜，從設計便已開始（做菜需要考慮選單食譜設計、挑選食材等），接著是實施活動（對食材進行處理），到

經驗的處理，包括回顧、反思、覺察、分享、批判、思辨、總結等，是一連串緊緊相扣的環節掌握，由引導者帶領，讓參與者自行烹煮的一鍋學習之湯便可上桌，滋味自然點滴在心頭，參與者能感受到學習的樂趣、對知識的擁有感以及成就感。

引導者在開展體驗式培訓課程前，最好先分析需求、計劃與設計好課程體驗活動，準備好培訓場地以及器材，以及適當地引導討論內容，這樣，才能做到有章可循。

本章的內容，主要為大家展現在體驗式培訓中引導的步驟與流程，以及引導者需要掌握的核心技能。我們借用美國PA 機構（Project Adventure, Inc）的 APPLE 引導步驟，發展出一套 APPLE 的引導模型，如圖 3-1 所示。

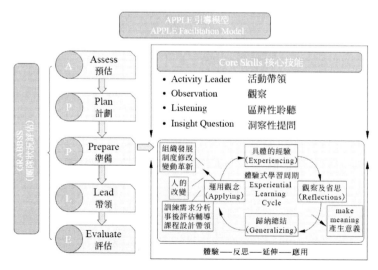

圖 3-1APPLE 引導模型

APPLE 模型包括以下內容。

▸ GRABBSS：這是一個用來隨時評估團隊的工具，在課程的前、中、後都需要用此工具進行評估，掌握團隊發展狀況。

▸ 體驗式培訓引導的 5 個步驟：預估、計劃、準備、帶領與評估結果。

▸ 核心技能：進行有效引導所需要的能力，也可以理解是引導的藝術性表現。

▸ 體驗學習的過程：體驗學習需要經過體驗、反思、總結延伸與應用 4 個階段。

GRABBSS：評估利器

在開展體驗式培訓時，無論事前、事中還是事後，我們都需要隨時對團隊進行評估。因為這種以「做中學」為學習方法，需要時刻關注個人或團體當下所發生的事情或狀況，以便於事前安排適當的體驗活動，事中進行有效的觀察，發現學習的機會與意義，進行適時的引導，並在事後對整個學習的過程進行回顧與反思，為下一次的培訓活動提供經驗。

我們可以想像一下，沒有事前的評估就好像一次未知終

點的旅行，既沒有地圖，也沒有任何的旅遊須知或者參考資料，雖然總是會到某一個地點，但旅途中卻會充滿了意外。不管有沒有事前評估，一位引導者需要持續不斷地評估團隊及團隊成員的情況，我們評估需要著眼於兩部分：一部分是跟過程相關的團隊成員的情緒、行為與態度；另一部分是與課程達成結果相關的內容。

　　情緒、行為與態度上受影響程度部分指的是團隊成員的情感、彼此間的關係以及成員的行為表現，它可以相當接近於事情是「怎麼」發生的；而課程內容的部分則強調產出（結果）、計畫和執行，檢視的是發生了「什麼」。通常這兩部分（情緒、行為與態度受影響的程度和課程內容）是非常相近的，團隊在任何時候、任何情況下都有可能太過強調某一部分，而忽略了另一部分。引導者需要特別注意這兩部分的相關性，引導者可以藉著觀察，必要時介入以幫助情緒、行為與態度上的影響程度與課程內容部分達到平衡，而介入的程度可視引導者覺得需要重視注意的部分，要做出彈性調整。

　　在觀察團隊成員的情緒、行為與態度上的影響程度及課程內容兩部分時，同時也應知道這兩部分都有 3 個層面：團隊整體、人與人以及個體本身。每個層面都會有不同訊息，這些訊息可能就會影響引導者的觀察及評估，並將其轉化成

為正面創造的動力。

這時候能有一個工具持續地來評估團隊，不論是在收集，還是分析訊息方面都是大有助益的，倘若沒有這樣的評估工具，引導者就很容易受到團體氣氛的影響，可能會把事情變複雜了，同時也很容易忽略掉一些重要的相關資訊。

GRABBSS 的團隊狀況評估工具，正是這樣一個著重情感與行為上受影響程度的評估方法，能用來分析活動過程中各種影響因素，同時也能用來評估團隊、人與人和個人本身。評估人及其行為絕非易事，GRABBSS 可以作為評估的入門指南，藉由分析的過程也可闡釋成員表象背後的真實想法。當然 GRABBSS 並不是唯一收集分析團隊資訊的方法，其他的分析評估技巧也可以提供更多的訊息及更深的想法，關鍵是要不斷地評估、不斷地分析，依據不同程度的評估，找出相對應的關鍵要素。以下我來詳細說明 GRABBSS 團隊狀況評估工具，以及 7 個評估指標的內容。

1. G（Goals）目標

此處說明的目標包含訓練目標、團體目標以及個人目標。引導者需要考慮如何設計體驗活動以及透過引導反思，同時兼顧訓練目標、團體目標以及個人目標，這對於引導者極具挑戰性，需要收集資訊，仔細評估。為幫助引導者收集

資訊，了解 3 種目標，我們可以對自己提出下面的問題：

▸ 此次組織方需要達到的訓練目標是什麼？目標清楚嗎？

▸ 團隊想要達成的目的為何？

▸ 個人目標是否與團隊目標一致？如不一致，那又是什麼？

▸ 團隊成員們是否都了解訓練的任務以及目標？

▸ 團隊成員們對訓練是否有共識？如沒有，又是什麼情況？

2. R（Readiness）準備程度

準備度指的是團體或個人對於接下來的活動或挑戰任務在知識、態度與能力上的準備程度。評估準備程度的原因是引導者在設計或安排體驗活動時，需要由簡到難、循序漸進，需要讓活動的安排盡可能地使學員達到最優體驗的狀態。以下是可以協助引導者評估團體與學員準備的問題：

▸ 團隊與個人的能力所能承受的極限在哪裡？

▸ 活動中是否發揮了團隊或個人的能力，並產生效果？

▸ 活動中是否團隊每個人都參與其中？

▸ 團隊對於完成活動任務是否熱情，熱情到什麼程度？

▸ 團隊或個人在面對活動失敗的反應如何，對於失敗經驗的承受程度如何？

③. A（Affect）受影響程度

團隊在進行活動過程中，每一位團體成員都會對所發生的事情產生相應的情緒，有一部分是內在的感受，另一部分是外在的情緒反應，包括團體氛圍。以下是可以幫助引導員了解受影響程度的問題：

▸ 團隊成員對於安排的體驗活動感受如何？是否覺得好玩？

▸ 團隊的動能與團體的氛圍如何？是歡樂、興奮、失落、沮喪，還是……

▸ 團隊成員的行為與言語表達是否一致，還是有出入？

▸ 團隊中成員互相接受程度如何？

▸ 團隊內成員間的支持與信任程度如何？

④. B（Behavior）行為表現

包含團體所有成員之間互動的行為，以及個人的行為表現。為協助引導者了解團隊與個人的行為表現，可以考慮以下的問題：

▸ 團隊成員在平時工作中，互動行為如何，是合作多還是……

▸ 團隊成員到達培訓現場後，在現場的坐姿如何？

▸ 團隊成員參與活動的程度如何？

▸ 團隊成員參與活動過程中，是否相互合作，還是更傾向
於以個人英雄主義方式解決問題？

▸ 團隊成員間意見是否有分歧，是互不受約束，還是有共
識共同達成目標？

5. B（Body）生理狀況

引導者在進行活動前，必須評估參與者的身體狀況，必
須基於安全的前提下開展體驗活動。而且，在課程中要觀察
參與者的生理狀況，適時調整活動內容，讓參與者的身體狀
況與挑戰活動相匹配，才能更好地進行學習。以下問題可以
幫助引導者了解參與者生理狀況：

▸ 團隊是否面臨工作中某方面的壓力？

▸ 團隊成員到達培訓現場，身體疲勞程度如何？

▸ 團隊成員體能狀況如何？是否需要休息？

▸ 參與者精神狀態如何，是否影響專心參與活動？

▸ 在活動中，要如何做，才能讓參與者再度專心參與活動
並激發團體動能？

6. S（Setting）環境

環境包含硬體與整體氣氛，硬體指培訓現場的擺放、空
間大小、裝置等設施；整體氣氛指的是現場周圍的人員、場

景、氛圍等，這些都會對活動參與者產生影響。可以幫助引導者了解環境的問題有以下幾個：

▸ 培訓現場周圍的環境，會對團隊造成什麼影響？

▸ 培訓現場是否有足夠的條件進行活動，如場地大小、燈光明暗程度、其他設施等？

▸ 在戶外培訓現場，天氣是否會影響活動？

▸ 培訓現場是否有可能會影響參與者活動的人員，如領導者、老師、家長等？

7. S（Stage）團隊發展階段

團隊發展階段分為形成期、風暴期、規範期以及績效期，評估團隊處於哪個發展階段，將要求引導者應該採用哪種方式或行為來面對團隊，從而更有利於團隊的學習與成長。可以考慮的問題有：

▸ 團隊目前的發展狀況如何，正處在哪一個團隊發展階段？

▸ 引導者需要採取哪種方式，讓團隊向前發展？

▌APPLE 引導流程

　　作為體驗式培訓的引導者，大都在課程開始前就需要做好規劃與準備。但是，還是有大量的引導者會跳過規劃階段，而直接進行實際操作與課程活動的執行。究其原因，主要是課程規劃需要收集許多數據，分析、評估參與者的狀態，有時候還需要引導企業發現培訓的深層需求與確定培訓目標等，這需要引導者具有更多的耐心與熱情，進行嚴謹而理性的邏輯思考。

　　想像一下，你要帶著一家老小十多人外出去旅行，如果不事先計劃與安排，就貿然地踏上旅途，這是件多麼可怕的事情！聰明的你，一定會事先詢問大家的意見，找到大家共同想去的地方以及遊玩的專案，然後擬定一份計畫，其中會安排好旅途中大家的吃、住、行，還要準備好相關資料，預先考慮可能會發生的問題，並作好預備方案等。當然，關於處理這樣的事情，你也可能會有其他更好的辦法。

　　體驗式培訓課程的培訓目標就好比旅行中要去的地方，遊玩的專案好比培訓中的體驗活動，擬定的計畫就是培訓實施的流程與計畫等，沒有這些事前的分析、評估與準備，在執行過程中，很可能讓引導者自己或參與者失去耐心，不知要如何面對當下的體驗，也會讓參與者對這種體驗經驗感

到迷茫或困惑。這也是為什麼引導者常常被質疑活動開展後無法進行有效引導的原因之一，只有引導者做好充足的培訓前的準備工作，才能在執行課程中做到有的放矢。所以，在 APPLE 引導模型的 5 個步驟中，前三個在課程開始之前就已出現。

❶ （Assess）預估

第一個步驟「預估」，主要目的是幫助收集參訓團隊的資訊，判斷培訓需求。引導者最好能參與到這個步驟中，這是因為引導者必須要了解團隊的資訊，掌握第一手數據，才能對參加培訓的團隊做出有效的判斷，如果由他人協助引導者做收集與判斷需求的工作，也最好請經驗豐富的合作夥伴。如果引導者不了解接受培訓的團隊資訊，就只能在執行培訓時運用自己的經驗去做評估，這對於經驗並不豐富的引導者將是極大的挑戰。

預估階段收集培訓團隊的資訊，最直接的方法就是訪談發起人。引導者需要了解發起人為什麼要進行培訓、培訓的參加者是誰、對培訓的期望是什麼、培訓的主題是什麼、對方需要透過培訓解決什麼問題、這些問題具體的表現是什麼、問題是如何出現的、如果不解決繼續下去會有什麼後果等等。

　　雖然訪談發起人是了解參加培訓團隊資訊比較有效的方式，但也不能把發起人當作唯一提供參與者訊息的來源。我曾遇到過這樣的事：有一家企業的培訓負責人，找我為企業提供團隊建立的課程，在訪談培訓負責人的過程中，對方表示團隊目前需要的是加強成員間的彼此信任、提高合作與配合，以及任務執行能力。但當我在實際帶領這個團隊進行活動與引導討論時，很快就發現他們相互之間可以很輕鬆地玩笑打鬧，團隊成員間的關係融洽，團隊合作也不錯，唯獨在談到團隊主管的時候，大多數成員會比較沉默，少數人會直接抱怨。更糟糕的是，團隊的主管沒有來參加這次的課程培訓。顯然團隊的問題是他們需要換一名新的團隊領導者。這個事情最大的錯誤就是只依賴發起人一個人的敘述來收集團隊的資訊。

　　引導者在收集培訓訊息的過程中，除了訪談關鍵的培訓發起人以外，最好能接觸到參與學習的團隊成員，或者協同部門的人員，盡量不要只聽取發起人一個人所提供的資訊。如果因為客觀原因實在沒有辦法訪談到除了發起人以外的人員，那至少在與發起人溝通過程中，嘗試多問幾個為什麼，用來幫助引導者透過事情的表象，發現問題的本質。問題分析「5Why」是一個不錯的工具，可以幫助你收集與分析對方的訊息。

詢問以下的問題可以幫助你事半功倍。問題清單：

▸ 哪些人參加？ —— 年齡多大？參加者的年齡、性別組合和興趣愛好是什麼？隊員們是主動參與，還是被迫參加？他們喜歡參加嗎？

▸ 課程的目的是什麼？ —— 組織的目標、領導者的目標是否與參與者的目標相同？三者之間的目標是吻合一致，還是互相矛盾？你是否樂於努力實現這些目標？（要做詳細了解，有些課程的目標可能是你無法達成的。）

▸ 有多少參與者？ —— 10 人，100 人，還是更多？對於這種規模的團隊，實現課程的目標是否現實可行？

▸ 課程將持續多久？ —— 時間是否太短，不足以實現課程的目標？還是太長？你是否擁有充足的活動、遊戲、主動性和實際應用 —— 以使課程的內容豐富多彩？

▸ 課程將在何處開展？ —— 室內還是室外？你是否需要更多的空間？你是否需要備用場所，以應付大團隊或壞天氣？場所是否安全？

▸ 是否有需要特別考慮之處？ —— 團隊有何特別之處需要你了解？參與者是否參加過體驗活動？他們對即將開始的活動了解多少？

獲得以上問題的答案，技巧有許多。課程開始之前，可以採取訪談、書面或口頭問答、問卷調查、考察或類似的辦

法，來回答以上問題。

　　需要注意的是，並不是每次開展課程前都能了解到以上內容。所以，如果事先進行預估並不可行，還可以依靠引導者自己的經驗，在體驗活動的過程中進行評估。透過課程開始前的活動安排，進行觀察，也可促使參與者自己設定個人目標，這樣可以使你了解更多有關參與者的訊息。但以這種方式獲得詳細訊息的缺點在於，它留給我們分析、評價並作出反應的時間極少，這需要引導者不斷累積經驗。引導者越了解參與者的需要、團隊的人員構成，就越可以更好地預測何種類型的活動最為合適。

❷ （Plan）計畫

　　制定計畫，選擇你需要使用的工具與方法。憑藉從預估中獲取的訊息，引導者可以著手選擇那些能滿足團隊需要的活動。同時，引導者也可以考慮設計具體的活動情境，使活動更貼近參與者的需要，並能幫助隊員們把活動所學帶回到現實的工作生活中。在制定計畫時，引導者要注意課程引導方向與方法，要以課程培訓目標為指南，將引導的主題與參與者當下產生的經驗相結合，要隨時留意課程的目標與參與者當下的學習經驗匹配程度。要考慮的問題清單：

▸ 什麼活動可以使團隊聚焦於他們希望探究的問題？

- ▸ 如何才能打破冷場，建立熱烈、信賴的氣氛？
- ▸ 對於某些參與者可能表現出的負向行為，你將如何應對？
- ▸ 你是否考慮年齡、能力或天氣因素，適當地調整活動強度的高低？
- ▸ 關於這個課程和你本身，參與者了解多少？
- ▸ 什麼樣的活動順序才能確保最佳效果？
- ▸ 如何總結這次體驗？體驗課程最終將以何種形式結束？

　　有一個課程計畫的前、中、後策略，能幫助引導者對課程的不同階段需要的內容做出規劃。此策略不僅指整個課程的前中後的計畫與安排，同時也適用於在課程中每個活動的前中後的計畫與安排。引導者需要注意，既要考慮整體，也要兼顧區域性。

　　（1）課程的開始階段。

①建立信賴

　　引導者在課程的開始階段，需要比較自然地加入到團隊中，介紹自己，分享資訊，向大家說明此次培訓的主題以及開展培訓的方式。引導者從一開始，就要展現出開放、鼓勵、自信的狀態和能力，使參與者感到安全。引導者所創造的是一種感受到安全感的冒險環境，這樣，參與者才會感到

安全並敞開胸懷。引導者要創造一個大家互相信賴的氛圍，使學員們學會互相信任。通常可以在開始時以遊戲的形式使大家彼此認識，記住名字等。但一定要注意，必須先讓學員們對引導者產生信賴。

②建立課程風格

體驗式培訓課程在開始時，需要建立課程風格，通常我們會選擇較為輕鬆的學習氛圍，引導者需要為參與者提供能產生樂趣的體驗活動，讓參與者能比較自如地參與到課程活動中；引導者更多地採取邀請的方式讓大家參與，營造尊重每個人、參與者能自主選擇的環境。

③團隊領導風格的選擇

引導者在開始時，要了解團隊的需要，選擇符合團隊發展狀況的領導風格。通常在開始階段，團隊處於形成期，引導者更多地考慮用指導型領導風格來帶領團隊參與活動，讓團隊成員感到自在。

④從簡單的活動做起

在課程剛開始時，因為團隊剛剛聚到一起，對接下來的學習過程，會存在不安、期待或者好奇等感受。很多時候團隊成員並不太熟悉，對於所要參加的活動也沒有經驗，所以，開始課程前需要安排一些較為簡單的活動，進行破冰，

讓團隊成員暖身。

課程的開始部分是最具決定性的時刻，尤其是最初的 10 至 30 分鐘最容易使人感到不適。這個時候若是課程引導者能建立一套帶領風格，不但提供相關資訊、激發學員活力，同時鼓勵參與，那麼整個課程可以說有了一個好的開始。

好的開始讓人置身於一個正面的心靈架構上 —— 開放、渴求學習，能使學習積極達到最高點，並將抗拒及被動性降到最低點。為了創造一個好的開始，不論投注多少時間與精力著手設計都是值得的。

（2）課程中間階段。

引導者在課程進行中，需要安排活動的順序，管理好時間，並要注意依據團隊的需要做適度調整；課程進行中要維持團隊的活力。

中間階段的活動設計旨在達成課程的流暢。引導者評估課程設計是否如預期般有效，或者需要改變。

引導者需要思考：團隊的動力在哪裡？它是否與團隊目標相符？有沒有零零散散或是停滯不前的情形？引導者應不應該介入？團隊能不能自行解決問題？和有計畫的介入比較，如果不介入，學員們是不是能從中學到更多？這些問題的思考，都有助於引導者在課程進行過程中，以學員為中心，以學習為目的，選擇更為恰當的活動與引導方式。

引導者要伸長敏銳的觸角，盡可能地蒐集數據來配合課程的整體及區域性流程，並從活動中達成最高的學習效率，因為課程的中間部分可以為參與者提供很多的學習機會。

（3）課程的結束。

引導者需要帶領團隊成員重溫當日所學、總結課程學習的重點、分享心得感想及交換意見。同時，展望未來，將當下學習到的知識、技能等運用到工作中。課程結束時的關鍵是要有絕對充足的時間為課程做一個有意義的總結；要審慎地調整參與學員，從經驗中獲得價值；要製造反省檢討的機會，使參與學員把體驗與反思到的、學習到的觀念落實於實際工作中。值得注意的是，不要因為活動流程的不當拖延時間，而使得結束的學習重點縮水，也不要因為引導者的時間控制不當而導致課程匆匆結束。

（4）體驗活動的類型選擇。

本書並非是介紹遊戲或活動的書籍，關於遊戲與活動的介紹，讀者可以在市面上購買到很多相關書籍，在此只對活動的類型做一些分類，以說明活動的特徵以及活動的目的。同時，我們只是將活動依據培訓目的做了一些有針對性的分類，事實上有許多的活動很難單一地分到哪一類活動中，如「金箍棒」，這是一個關乎團隊溝通、合作、共同解決問題等綜合性的活動，我們不能簡單地把這類活動歸到哪一類。所

以，在安排體驗活動時，引導者一定要清楚活動的目的，很多時候，活動本身可以展現出多元的對象導向，就看引導者如何使用。

①打破人際冷漠，增進熟識度的「破冰活動」

活動目的：提供隊員相互認識的機會，利用趣味性與親和力兼具的活動、暖身活動及遊戲，讓成員逐漸熟悉彼此。此類活動的趣味性是主要的活動元素，盡量讓團隊成員能夠在沒有任何威脅感的狀態下進行活動。適度的挫折感，言語上的互動，以及決策的技巧，都有助於達成任何以成功為目標導向的任務。參與破冰活動並不會導致嚴重的挫折感。

②反思活動

活動目的：反思活動重在讓團隊成員分享與討論活動經驗、感受，以及彼此交流對事物的多元理解，讓大家在表達、傾聽中，發現對自己有學習價值的見解、知識與技能等。反思活動可用在活動前、中、後，目的是為引導者提供一些方法，讓引導者了解團隊成員當下的收穫與感受，幫助團隊成員將經驗進行建構、邏輯化。

③信任建立活動

活動目的：為團體隊員提供一個機會，讓他們能夠透過一系列生理與心理的試煉活動，學習如何放心地將自己的身

心安全託付給其他隊員。這種活動包含了團隊在生理及心理
方面的互動，通常具有趣味性及些許緊張性，必須注入隊員
們對彼此安危的支持與合作。大部分的活動都包含了一定程
度的「風險承擔」。團隊會逐漸地培養信任感。信任活動的
運用是為了建立信任；基本的信賴活動一旦被選擇，便能重
複運用，來保障及強化隊員的安全。

④溝通活動

活動目的：在活動中強調傾聽、語言表達及肢體表達等
技巧對於決策過程的重要影響，同時透過參與活動，提供隊
員一個不論在思想上、情感上或是行為上，加強溝通能力與
增進適切表達的機會。肢體活動、言語互動及討論，是意見
分享活動的三大要素。

⑤決策與問題解決的活動

活動目的：讓學員們透過一系列不同困難度的「問題解
決」活動，嘗試從錯誤中學習經驗，同時透過參與活動，
學習如何有效溝通、合作與解決問題。肢體活動和語言溝通
是解決既定問題必需的兩項動作。有時候會產生比較嚴重
的挫折感；這時千萬牢記：耐心是一項美德。配合活動的進
行，團隊成員們必需能夠表現出傾聽、合作及妥協與配合的
能力。

（5）課程進行時的注意事項。

1. 要做好改變計畫的心理準備，要有彈性。有時我們對活動充滿期望，但現實與期望之間畢竟是有差距的，所以要做好準備，不要拘泥於既定計畫。最好的課程計畫是即興計畫。有時，放棄你的計畫也可能會是最好的辦法。

2. 要有樂趣，引導者安排的課程必須好玩。如果既定活動效果平平，那麼你應該立刻轉向任何能充滿活力、激發人們興趣的活動。體驗活動可以多種多樣，但體驗活動一定要好玩。但好玩的活動不一定必須是遊戲；有時候討論、反思、對話都可以產生樂趣或者好玩。沒有兩個人是相同的，包括彼此所持有的態度、觀點，所以可以適當地改變技巧，創造一個更成功的滿足個人與團隊需要的學習環境。

3. 制定計畫並不意味著必須嚴肅對待一切。而是要適度欣賞自發性、靈活性、不可預見性、生活樂趣、自由放任，還有可能是運氣。體驗學習的五大特徵之一就是冒險，掌握冒險的精神，嘗試著運用它，這種冒險精神將為課程帶來極大的價值。

③.（Prepare）準備

準備與計畫不同，準備是帶領課程的開始。對許多引導者來說，完成這一步能使他們感到安心。不要為了減輕工作

負擔而跳過這一步，特別當你還是一個新手時。做好一切必要的準備可以讓你落實計畫時確保安排妥當。

　　準備是對計畫階段的充實。準備意味著完成學員進場時的一切必要工作。以我的經驗，完成了這一步，可以使引導者減輕焦慮的心情，集中精力應對重要的事項。

　　課程開始前，不要為不可預知的結果而憂心忡忡，不要為瑣碎的細節分心，因為體驗式培訓課程本身就是這樣，學習的過程是要冒險的，結果是不可預知的，要坦然面對。課程開始之前，做你認為該做的事情，要讓自己處於平靜的狀態之中。經驗表明，如果你能保持心平氣和，那麼課程開始後你的焦慮將得到有效緩解。課程準備包含課程硬體的準備和引導者自身的準備兩個方面。

　　（1）硬體準備。

　　課程硬體的準備包含了活動場地、活動道具與器材、教室的桌椅擺放、音樂的播放，如果是戶外課程，還需要準備遮陽及防雨工具等。在硬體準備中，引導者一定要注意，你所準備的活動數量一定要大於課程要開展活動的數量，這是一個原則。因為團隊在活動中會發生許多不可預知的事情，在計畫階段，已經安排好的活動很可能因為團隊某些方面的原因而無法進行。例如，一個團隊來到培訓現場，事先安排的活動是讓團隊成員體會溝通的重要性，以及提升溝通技巧

的活動，結果在引導團隊交流過程中，大家對於溝通的話題並不感興趣。這時，引導者要考慮是否需要適時地調整活動，如果引導者本身準備的活動遠多於計畫中要進行的活動數量，就可以在活動這一項做到遊刃有餘。

（2）引導者的準備。

體驗式培訓的引導者自身在培訓前要做好充足的準備，包括對學員、課程內容、體驗活動、引導能力以及身體狀態的準備。引導者對參加學習的團隊事前要有充足的了解；要準備足夠多的體驗活動與策略；引導者要知道自己的能力極限在哪裡，哪些是自己處理不了的，對舒適區邊界要有清晰的認識，如果課程中發生自己無法處理的事情，更要坦誠告知；最後，引導者一定要有充足的睡眠，這是第二天開展培訓所必需的準備。

④.（Lead）帶領

帶領意味著執行準備好的一切事項，這一步是關鍵！只有實際進入現場，並開始帶領，你才知道前面的工作是否充分、有效。

在進行帶領的過程中，要問問自己：「我為何要做我現在正在做的事情？」你是否能夠回答這個問題，有沒有好的答案？如果你的回答使你感到滿意，那麼你所做的一切就是

恰當的。但是，不要忘記，你的滿意並不能代替團隊的需要。如果你的回答是團隊對正在開展的活動反應良好，那麼你就可能獲得成功。

帶領中的引導之術的關鍵是反應迅速。引導者要觀察正在開展的活動，問問自己，你為何在做現在正在做的事情？然後根據自己的觀察，做出適當的反應。成功的引導取決於有效的反應。以下內容是在帶領時需要注意的。

（1）創造適當的情境，以提升活動的學習潛能。

活動開始時，如能創造活動的情境，往往能吸引參與者的關注並提高他們的投入程度。例如，在 D Day 活動開始時，講一段「二戰」時期的諾曼第戰役的歷史，將活動中需要分組行動與溝通的過程，描述成在戰役中不同的兵種以及要完成的任務，且說明戰場上生死時速，需要大家爭分奪秒，這樣就自然限制了活動的時間，這樣的情境鋪陳，能讓參與者充滿好奇，增加緊張感，吸引參與者加入活動。

（2）介紹活動的任務與規則，觀察參與者的行為。

每個活動都有需要完成的任務及規則要求，需要注意的是，在設計活動規則時，要盡可能使規則簡潔明瞭，甚至可能的話，規則要越少越好，這樣可以讓參與者有更多的發揮餘地，產生更多的經驗，有利於彼此探討、交流與學習。在活動開始後，引導者需要做的主要是觀察與記錄參與者當

下所發生的事情，需要觀察團隊、人與人以及個人三個不同層面，以及觀察參與者的行為、情緒、彼此互動關係、對團隊任務的解決過程等，這些將會對活動後的引導反思提供素材，會對引導討論過程帶來極大的幫助。

（3）判斷是否需要進行干預，然後決定何時、以何種方式干預，以支持團隊的成長。

引導者可以選擇在體驗活動過程中進行適當介入。有許多需要引導者介入的原因，如涉及身心安全問題、活動停滯不前、喪失學習機會時都需要考慮介入；也有引導者不適合介入的時候，如團隊在解決問題時不斷探索導致行進速度較慢時，團隊成員之間有意見分歧，產生較為自然而然的衝突等。主要是如果引導者過多的介入會讓參與者在遇到困難時，對引導者產生依賴。以下列出需要引導者介入的時機：出現肢體衝突時；出現機會教育的時機時；課程時間即將結束或已經超過活動的時間時；團隊活動過程已經偏離焦點，需要重新引導回主題時；團隊或個人需要休息一下時；在不剝奪參與者學習機會的前提下，引導者的介入對學習有所助益時。需要注意，引導者應盡量做到少做多看，這樣參與者才能盡情發揮。另外，引導者如要介入，更多的應以提問的方式介入，這樣可以強化團隊分析與學習能力。例如，在活動過程中，發現成員之間的溝通變成了大家同時發言，又沒

有人聆聽的情況，引導者可以適當地提問：「請問一下，各位這樣的表達，是否能聽得清楚？」或者直接提問：「各位目前溝通的情況怎麼樣，有聽到什麼聲音嗎？」

（4）引導討論交流，以便隊員們能學習彼此的經驗

引導討論是體驗式培訓是否學習有效的關鍵一步，引導討論是活動體驗後及在應用產生改變前所發生的事情。引導者需要留出充足的時間來進行分享交流，要將參與者的體驗，透過引導討論進行邏輯化、結構化，運用引導方法幫助參與者回顧活動事實，連繫過往經歷，總結經驗，歸納學習收穫，再考慮如何運用到下一次的體驗中。這部分的內容將在第 5 章中做更為詳細的說明。

⑤ （Evaluate）評價

評價是最後一步，但評價不僅出現在課程之後，在課程開始之前也會有。

評價意味著始終關注引導者的行為，觀察團隊的行為，分析團隊的行為，以確定是否需要改變活動；評價也意味著提供適當的挑戰和引導討論，以幫助團隊審視自己的表現和行為。

課程結束後進行的評價使你有機會反思整個活動，評價是引導模式的最後一步。作為引導者，這一步可以在很大限

度促進自身的成長。引導者務必仔細分析自己的實施過程，想想自己的課程帶領是否滿足團隊的需要；反思你的成功和失誤，以確定下次自己應該採取何種不同的措施。這是引導者最好的學習機會之一。

評價作為最後一步經常會被忽視，一旦課程結束，引導者評價自己行為的熱情會大大降低。引導者帶領的每一個課程既是團隊成員學習的機會，也是自己學習的機會。如果能把自己視為學習夥伴，而不是老師或者教練，那麼這場體驗將更有樂趣、更加引人入勝、更加富於挑戰。

為了吸取教訓與累積經驗，你必須對自己的行為進行評價。作為體驗培訓式課程的引導者必須記住 —— 學無止境！

引導者的關鍵技能概述

對體驗式培訓的引導者來說，掌握以下所提出的軟性核心技能並不能保證你的課程上得多麼好，但如果缺乏以下所提的核心技能，在開展體驗式培訓課程時很難有好的效果。基於多年的實踐教學經驗，我認為引導者只有不斷練習以下這些核心技能，才能更好地開展體驗式培訓。

1. 活動帶領技能

　　體驗式培訓包含大量的體驗活動，掌握活動帶領技能是引導者最基本的要求。活動帶領技能包括掌握活動的數量與活動類型、活動帶領的風格養成、活動安排的順序以及活動基本操作技巧等。

　　引導者要掌握活動的數量越多越好，有統計數據表明，一名優秀的引導者至少需要掌握 200 至 300 個活動。只有你掌握了大量的活動做法，才能在開展體驗式培訓時隨時調整使用。另外，需要了解不同活動類型，包括破冰與暖身活動、信任建立活動、溝通活動、決策與問題解決活動等。

　　引導者需要塑造自己的活動帶領風格，因為一個人的風格將會影響與之互動的人。在體驗活動開始之初，引導者要與學員建立彼此信賴的關係，大多數情況下，學員在剛開始參與活動體驗時，都會根據帶領他們進行活動的那個人是否值得信賴來決定是否參與活動，以及參與活動到什麼程度。所以，引導者養成自己的帶領風格是極為重要的事情。風格有很多種，對於體驗式培訓引導者的風格要求大致包括風趣幽默、自信、隨意、邀請而非控制等。

　　前面提到，導致體驗式培訓課程效果不佳的其中一個重要原因是引導者不善於安排活動的順序。從什麼活動開始、過程中需要安排什麼活動、課程結束時需要什麼活動、活動

的安排需要考慮哪些因素等都是引導者需要掌握的技巧。

最後，在活動帶領技能中引導者需要掌握活動的操作流程，活動如何描述、如何說明任務與規則、需不需要給參與者示範、活動開始後需要注意什麼，以及遇到突發狀況活動如何調整，這些都是引導者需要練習的技巧。

以上活動帶領技能詳細內容，將在第 4 章中說明。

②. 觀察的能力

引導者非常重要的能力之一是要解讀團隊與個人所傳達出的訊息。所謂觀察，和一般的「看」有所不同，觀察是為了看穿某事物的本質，引導者需要透過觀察檢視出隱藏在表象下的真正內容。

引導者觀察的目的是為了評估團隊狀況，需要觀察團隊整體、人與人以及個體三個層面的情緒、行為與互動關係，另外還要觀察團隊達成任務的結果內容。引導者可以運用前面所提到的 GRABBSS 團隊狀況評估工具，在日常中不斷練習，培養自身的敏感度，提升觀察能力。

③. 聆聽的能力

當體驗活動開始後，就進入團隊成員們自由發揮的狀態，包括提出意見、對活動的分析討論、彼此的交流以及對

主題的深入探討等。我們都知道，溝通交流的目的在於讓大家分享彼此的資訊、知識、情感與想法。然而，並不是每個人的思考框架都是相同的，世界上沒有兩個人的思考框架是一模一樣的。在自己的思考框架下認為正確的事情，在別人那裡很可能被解讀成其他意思，溝通交流的難度可想而知。

科學研究，一般人的聽力快於說話的速度，思考的速度又更快於聽力速度。也因為這樣，我們常在聽別人說話的同時，在思考上會出現一些空檔。人們很容易利用這些思考上的空檔，先行想像並作出結論，或對內容進行思索；有時候也可能在大腦中整理自己要說的話、思考等一下該怎麼回應。這樣的情況，實在不能算是在「聽」別人說話。

要做到聆聽，就必須全身心地集中在對方的話語上。如此，就會自然地呈現出仔細聆聽的態度。如果竭盡所能想要理解對方，就會變得不只是用耳朵聽，也會集中精神去注意對方的表情與動作，也會看著對方的眼睛，這樣才是真正的聆聽。

但是以上只是做到了擁有一個良好的聆聽態度，要想更好地聆聽，還需要懂得區別聆聽，聆聽的 3 個方面如表3-1 所示。

表 3-1 聆聽的 3 個方面

頭 HEAD	思考：想法、「事實」、理論、圖像、假設
心 HEART	感受：感覺、情感、情緒
手 HANDS	意願：意圖、我打算做什麼

聆聽需要對對方所說的內容進行分辨，你需要理解對方所說的是客觀事實，還是表達的感受，又或是說明觀點或者意圖。如果不懂得區分，很可能會出現各說各話的情況，甚至產生不必要的爭論。很多時候，爭論到最後你會發現，其實雙方說的根本就不是一件事，這就是我們通常所說的「不在一個溝通頻率上對話」。實踐證明，人們在表達時，通常說客觀事實少，表達觀點多，引導者要進行引導討論，在聆聽時，就要學會區分對方所說的是在表達一個觀點，還是只是表達一下自己的感受，又或是真的在說明剛剛發生的事情狀況。只有區分清楚了，才能在同一個溝通頻率上進行交流，這樣做會讓對方感覺被尊重，讓對方更願意講出真實的想法。良好的聆聽配合好的提問，還可以讓對方對所說的內容進行梳理，幫助對方學習。引導者只要平時多加留意，就能得到很好的鍛鍊與練習，如圖 3-2 所示。

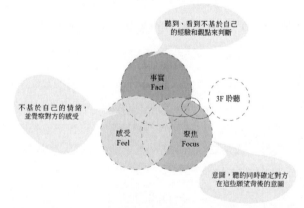

圖 3-2 F 聆聽

④ 提問的能力

引導者要懂得在什麼時候提出有效問題，這是體驗式培訓引導者的重要能力，引導討論其實就是一個提問的過程。透過提問，可以了解參與者對發生事情的記憶，可以了解參與者的觀點，以及觀點背後的假設。提問還可以用來引發大家的參與，並鼓勵大家從不同角度思考同一個經歷。提問可以用來收集訊息，也可以用來探究未知。有效的提問能幫助參與者透過事物的表面現象達到其本質，幫助參與者進行有效的學習。

在恰當的時機提出有效的問題，也就是根據當時情境，選擇合適類型的提問，好的提問能得到好的回應；同時，不同的提問會得到不一樣的效果，引導者要懂得問題類型之間的差異，而選擇合適的問題。

關於提問的能力，將在第 5 章中做詳細說明。

▌經驗學習

開展體驗式培訓的方法是經驗學習法，經驗學習是「做中學」的學習，是個體透過直接體驗來建構知識、習得技能和釐清價值觀的過程。學員在參與某一項體驗活動，事後以

反思與批判的角度分析該活動產生的經驗，從中獲取有價值的經驗，進而透過認知和行為上的改變將結果加以內化。

從上面對經驗學習的說明，可以發現經驗學習把學習當作一個過程，而不是結果，經驗學習是以體驗為基礎的持續過程。由於經驗學習是在做或者行動中學習，這樣最大的好處是讓參與者對所學習的內容產生一種擁有感。經驗學習不僅能提高參與者的興趣和投入程度，還能夠大幅提升對知識的轉移，促使學習者將學習視為自己的責任。

經驗學習理論中要求學習者必須經歷 4 個不同的學習階段：具體體驗、反思觀察、總結歸納和行動應用。也就是說，學習者必須能充分、開放地以及沒有偏見地參與到新產生的經驗中，必須能從多種角度去反思觀察自己與他人的體驗，必須能總結歸納，結合觀察而形成邏輯語言理解，還必須使用這些理解來做決定，並真實地去解決問題。看上去，這種理想狀態是非常難以達到的，人很難在較短時間內既採取行動，又馬上進行反思。這就需要引導者的介入，幫助學習者進行引導反思，如圖 3-3 所示。

杜威說過，在學習的過程中，體驗與反思這兩個概念必須相互融合。雖然教育家們對於「反思」的定義意見不一。但大家一致認同「沒有反思的學習，就不是學習」的理念。杜威說：「反思是任何一種主動、持續與審慎思考的信念，

或是具有支持基礎且能夠延伸出結論的一種假定知識形態。」此概念並不容易理解。但可以知曉的是，反思是一個過程，是一連串的持續的步驟，至少包括重新組織個人的認知；建立過去、現在與未來經驗的相互關係；影響未來的思想與行動。按照這樣的步驟進行反思，則能夠讓人們從自身的體驗當中「產生意義」，也就是「從體驗中學習」。

　　圖 3-3 對經驗學習理論的 4 個階段做了簡單說明，雖然經驗學習的各個階段是獨立介紹的，但階段與階段之間並非是獨立的，而是一個連續的過程，我們只是像放慢鏡頭一樣，把這個過程進行分解，以便更清晰地說明與理解。實際上，經驗學習的過程，對於體驗式培訓引導者而言，挑戰來自如何將這個過程帶領得足夠順暢，而且，更難的是，引導者如何帶領學習者完成經驗學習理論中除了體驗階段之後的 3 個階段。因為每個體驗活動時間都有限，再加上學習者熱情參與，會產生許多因成功與失敗而產生的情緒，這往往導致反思交流以及總結歸納的時間很少，使學習過程無法完整結束。所以，經驗學習的每個階段需要有妥善的計畫與充裕的操作時間。

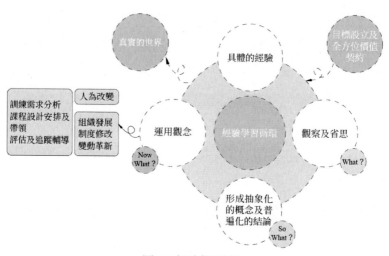

圖 3-3 經驗學習循環

❶ 體驗

　　每個人在日常生活都會產生經驗，但這些經驗如果不經過妥善處理，是很難產生學習效果的。在體驗式培訓中，一旦確定培訓目標，引導者就會選擇許多類型的體驗活動來促成學習目標的實現。當學員參與某一特定活動中有了體驗，就會產生經驗。但要是只停留在產生經驗的這個階段，那麼留下來的很可能只是比較破碎、零散的活動經驗。所以引導者需要引導學員將這些經驗進行有序處理，為了確保學習有效，引導者應承擔這樣的責任。

2. 反思與觀察

　　經驗學習循環是 1984 年大衛·庫伯（Kolb）所建立，他認為，光有體驗不見得會學習，還需要藉由反思的過程將產生的經驗與過去的經驗連繫起來。唯有透過反思，經驗才會轉化成學習的機會。除了讓學員參與體驗活動得到經驗，還需要給學員們時間回顧與反思自己在剛剛活動中看到的、聽見的、感覺到的以及思考到的，這個階段需要詢問「發生了什麼？（What ？）」反思階段可以是個人自我反思，讓學習者自己整理新產生的經驗與過往經驗；然而，更好的反思是讓團體共同交流探討，因為是剛剛發生的事情，還沒有記憶衰減的情況，比較容易表達出來，同時也因為是團體一起的經驗，所以大家比較容易進行交流，透過討論讓經驗產生意義。

3. 總結歸納

　　假如經驗學習是要將經驗進行邏輯化、條理化處理，然後應用到生活工作中，那麼學員就必須有能力將經驗連繫到日常生活工作中。經驗學習的重點之一，就是尋找普遍性結論或原則。歸納出的結論能將原本完全不相關的事件連結起來，方法是反思人們的情感、行為與想法，觀察是否這些內容帶有某種普遍的規律，這些結論就能將經驗轉移，同時有沒有可能將這些結論應用到其他情境。這個階段需要問的是

「所以呢？（So What？）」也就是總結歸納與自己的過往經
驗相對應，這個結論可能會是什麼？或者可能會發生什麼？
這個階段就是要將過往經驗與新的經驗進行連線，是體驗學
習中產生學習最為關鍵的一個階段。

❹ 應用

　　經驗學習如果要變得有效，學員還必須向前推進到最後
一個「應用」階段，對未來做出決定或行動，將參與體驗活
動後所得到的學習結論與理解應用到下一個情境或真實的世
界中。因此，這個階段的關鍵問題是「然後呢？」「接下來
呢？」（Now What？）也就是鼓勵學員下一步的行動計畫，
將前一個階段得到的結論付諸行動。將注意力從體驗轉移到
實際日常生活的真實狀況與情境中，這正是經驗學習有意義
的地方。如果省略掉這個階段，學習到的東西很可能會變得
粗淺而不能持久。

❺ 下一個體驗

　　根據經驗學習理論，應用階段後又指向了體驗，這表示
應用學習成果將成為下一次體驗活動的背景知識。基本上，4
個階段完成後，學員又回到了起點，等待下一次的新的體驗
活動，再進入新的循環。

6. 運用到真實的世界

　　經驗學習在應用階段制定行動計畫，要真正運用到真實的世界產生改變其實並不容易，因為將所學習到的知識、技能運用到實際生活工作中，需要具備 3 個條件。

　　（1）此次經驗學習所安排的活動是滿足學員的學習需求的，經驗學習過程中引導者的帶領方式是適合的，學員對於學習內容是滿意的。

　　（2）人的改變需要具備兩個要件：時間與刺激。如果不給予足夠的時間，例如，只給半天訓練時間，學習之後就要求直接用，就要求改變，這是非常不現實的；另外，人是多元智慧的產物，需要多種刺激，除了經驗學習，很可能還需要講授、視聽、研討等方式才能讓學習者將所學運用到工作中。要想讓人改變，這兩項基本條件要足夠，不能企圖一次培訓就能帶來多大的效果或者良好的行為改變，這是過於功利以及不現實的理解。

　　（3）最為重要的是組織的發展、文化制度以及變動革新所提供給學員的環境要能允許將學習到的知識、技能運用到實際工作中。舉個例子，企業裡一個團隊經過幾天的訓練，加強團隊溝通與合作、提升團隊凝聚力後，學員當下感受深刻。回到工作職位上，過不了幾日又回到原來的狀態，這很可能是因為組織環境不允許做出改變。本來是學習團隊合作

的，結果回到工作環境中，組織的績效考核制度是以個人排名方式進行管理，還要對於排名靠後的人進行懲罰，那就很難指望學員回到工作中更加團結合作，只會回到原來的「單兵作戰」的行為，因為組織環境不允許。

所以，想要透過培訓改變人的行為，絕不是一件容易的事情。不光是體驗式培訓，想像一下，如果是其他培訓方式，如講授式課程學習將面臨更多的挑戰。改變需要多方面共同努力。如果這個過程中，作為體驗式培訓的引導者，沒有搞清楚培訓需求就貿然開展培訓，學習過程中又缺乏活動帶領的技能，以及引導反思的技術，那就很可能連這三分之一的影響都達不到。所以，提升自己的能力，讓自己能勝任體驗式培訓要求，這是引導者應該承擔的責任。

▌引導者自我修練

❶ 引導者的自我覺察

十多年前，我剛剛踏入體驗培訓大門，身為一個沒有多少經驗的引導者，在剛開始帶領體驗學習課程的過程中，我總會提醒自己在每個體驗活動結束後，一定要讓團隊成員進

行分享和總結。然而，在沒有經過任何的正式訓練，對於訓練目標以及相關技能也是一知半解的情況下，我貿然地進入反思與引導過程，到現在我仍然清晰地記得，那時帶領學員反思時的尷尬狀況。那是一個企業的新員工團隊，在剛剛結束一天場地的挑戰活動後，我請學員坐下來圍成一個圓圈，詢問大家：「大家對今天的活動有什麼感想？每個人都來談一談。」結果可想而知，我沒有得到任何的回應，只有學員的滿臉困惑和疑慮，於是我汗流浹背。每個人臉上出現越來越多的「問號」，縱使我使出渾身解數，整個過程就是沒有人了解我要做什麼，我也不知道用什麼方法讓他們了解。這樣的尷尬狀況，對我來說是個深刻的學習經驗。最後我只能自說自話，含糊其辭地快速帶過分享，事後我決定要去學習更多的有關體驗式培訓以及引導的知識，以後不能讓這樣的尷尬狀況再次發生。有趣的是，並不是我一個人遇到這樣的事，許多引導員也有類似的窘況經歷。

在跟隨國內外體驗教育大師學習期間，讓我印象最深的是第一次參加我的導師，廖炳煌先生創辦的引導員訓練 TTT 課程。我還清晰地記得課程進行到第二天上午時，老師安排了一個叫「德國塔」活動，需要團隊成員共同合作將繩圈內的不規則積木疊起來，任務是疊得越高越好，規則是只能用提供的道具，並且所有人的雙腳不可以進入繩圈。我們一群

初級引導員在經過短暫的交流後，就制定好了策略與目標，在執行的過程中，很不幸，正當我們快要達到目標的時候，不小心將已疊好的積木打翻了。原有的成績歸零，而且落地的積木看上去也無法再重新使用。正當團隊氛圍急轉直下，團隊夥伴感到氣餒時，有一位成員雙手伸進繩圈，用手將倒下的積木重新豎了起來，並說這樣我們就可以重新開始了。我當時的第一個反應是：他違規了！這樣做下去還有什麼意義？但這位成員說：「老師剛剛只是說所有人的腳不能進入繩圈，並沒有說手不能進去呀！」並號召大家繼續完成活動目標。在活動結束後，炳煌老師問：「大家如何看待剛剛那位夥伴的做法？」一開始，多數人表示沉默，我忍不住大聲表達了自己的想法，義正詞嚴地說：「這絕對是違規行為，在這樣的情況下還繼續做下去，完全是沒有意義的事情，我們必須遵守規則。」我至今還記得當時老師給我的回應，他說：「夏雄武，說得很好，這是一個想法。請問其他人的想法呢？」當我聽到這句話的時候，忽然怔了一下，腦海裡好像被什麼東西撞擊了一下：「對呀，這只是我的一個想法而已，那只代表我自己，每個人都會有自己的看法，誰又能保證自己的想法就一定是正確的呢，學習的過程本就沒有對錯之分，重要的是相互之間的交流，彼此的思想碰撞，這樣的學習才是最有效的呀！」我恍然大悟，我是多麼自以為是，

這是做引導員的大忌。所有停留在腦海裡已久的困惑在那一剎那，都得到了解答，這是我作為一名引導員的自我覺察。

② 要邀請，而非控制

在體驗式培訓課程中，我們會安排許多體驗活動，團隊成員在參與活動時，也會有許多的狀況發生，有引導者曾經看到過的，也會有沒有看到過的事情發生。如果引導者心中只有唯一正確的做法或者答案，例如，在金箍棒的活動，引導者認為團隊需要統一步調、高度合作才能完成任務，那麼你心中就會有所謂的唯一答案了，當學員在當下沒有這樣做，而提出做活動的人太多了、要減少人數等想法時，你的心中就很可能會生出那是不正確的觀念。這樣，你就很難在心中理解學員在當下的不一樣的做法，以及當下所產生的獨特的經驗。這對於活動後的引導反思將產生極為負面的影響，這是作為引導者的自以為是。

作為引導者，必須要克服自身的自以為是，要知道不存有所謂唯一正確的答案或者做法，學員當下所有的行為，都可以用來產生學習價值的經驗。引導者只有保有這樣的想法，才會更多地採取邀請的方式，讓大家參與到活動中，而非以控制的方式，讓學員參與活動，這樣就很難促使學員有更多創新性的做法，也很難產生多元的想法，思想沒有碰

撞，學習就會變得有限。我們要讓學員對當下的學習產生擁有感，就得允許有不同的做法、不同的聲音，甚至你不願看到的，所謂失當的行為發生。要記住，這些經驗都是可以用來產生學習價值的機會。

③ 引導者的身、心、靈的修練

　　體驗式培訓課程有很多活動，有室內的，如平面活動；有場地的，如高低繩索的活動；還有戶外的，如登山、攀岩、速降、溯溪等。這些活動都需要引導者有一個健康且強壯的身體。許多從事體驗式培訓的引導者，都是運動的愛好者，引導者至少要養成鍛鍊身體的良好習慣。

　　體驗式培訓會讓參與者在活動當下產生情緒，人們會受到情緒的影響。引導者需要對於這些情緒有足夠的敏感度，時刻察覺到團隊與個人的情緒狀態，以及團體的氛圍。這就需要引導者對人的情感體驗有良好的觀察，如果可能，引導者應該要對情感體驗有一定深度的了解，這樣對於人的情緒反應會更容易判斷。我在授課時，與學員開玩笑說過，失戀的情緒體驗會讓人印象深刻，這樣的經歷可能對於做引導者有一定的幫助。這只是一句玩笑話而已，並沒有什麼科學依據，但如果仔細觀察，你會發現有過這樣經歷的人，往往看上去會更為成熟。

最後，引導者需要有正向、積極、開放、友善、尊重等更為包容的態度，來面對自己以及當下的學習情境。引導者要對自己的心靈進行修練，反思、冥想、適度的瑜伽練習，都是能加強心靈能量的做法。

④ 引導者的成長路徑

可以看出，成為引導者是需要一些特別的技能的，那是否任何人都可以成為稱職的體驗式培訓的引導者呢？我的答案是，任何人都可以提高技能、努力發展和完善技能，那麼應該能造就出一個稱職的引導者。如果以上問題的答案是肯定的，那如何才能做到這一點呢？需要採取什麼樣的步驟或程式來提升呢？我個人的經驗可能會對大家有所啟發。自我提升是一個連續的過程：培訓 —— 練習 —— 教練 —— 經驗 —— 不斷更新。

（1）參加培訓：對培訓的選擇必須十分謹慎，如果想提高技能，必須找到一位擅長教授的人。良好的教授能順利、有效地提高自己的技能，拙劣的培訓會讓你事倍功半。

（2）練習：沒有經過練習的知識就像一本沒有讀者的書，雖然充滿潛能，但不加以使用，也是如同無物。學到的知識可以幫你發展技能，但技能必須加以練習，否則很快會退化，你可以在工作中與同事練習、生活中與家人練習，練

習等同於自我指導。

（3）教練：也可以理解為師父帶徒弟，如果你能和你的教練或導師共同帶領課程的話，那你的技能將突飛猛進。如果找不到教練共同帶領，找一位同事也未嘗不可，彼此交流意見、提供處理不同情景的方法等。

（4）經驗：經驗是引導之術不可或缺的，有經驗才會有效率，但沒有實踐，也就無法獲得經驗的好處。經驗之所以非常珍貴，在於它可以給你帶來智慧，有經驗的引導者能夠預見什麼需要完成、什麼是有效的，而且能夠在突發狀況時做出恰當的反應。

（5）不斷更新：不斷更新不僅是一項原則，更是一項技能，要加以運用。要記得工具或技術要及時更新，不斷尋求新知識、新技巧、新方法，能促使引導者對現有能力水準進行思考與提高。有些時候，引導者也會感受到成長停滯不前，還會心生惰性，這與平常人沒有什麼不同。有一個方法可以快速地讓引導者克服這種惰性，那就是去冒險。我們不能害怕冒險，人的成長本就是要處在不舒服的狀態下才會發生，要不斷尋找機會挑戰自己的技能。不需要擔心引導技能會過時，但是要提升，它受益於不斷使用、新的認識還有創意。要記得，掌握這些技能並不是你的最終目的，它只是你前行道路上的一站，它是引導者追求不斷完善的過程。

第四章

帶領活動的祕訣

　　眾所周知，體驗式培訓課程是在「做中學」，體驗式培訓中的引導是決定課程學習價值與品質高低的一個關鍵因素，而「做」，即「活動體驗」的部分則是確保課程成功的另一關鍵因素。然而，並非所有的「活動體驗」都能順利進行。體驗過程中，什麼問題都有可能發生，甚至隨時都有可能出現問題。帶領一次活動既是挑戰，更是一種冒險。引導者在體驗式培訓課程的計畫和準備時，要小心，很可能麻煩就在活動中等著你。

　　本章節所討論的是體驗活動好壞的原因，如何操作體驗活動，以及課程中如何安排好活動順序的要訣。

▌造成活動體驗不佳的四大主因

　　體驗式培訓過程中，雖然帶領活動隨時都有可能出現問題，什麼事都有可能會發生，但總能總結出一些影響活動體驗的關鍵因素。實踐經驗告訴我們，活動體驗部分容易出現差錯主要展現在 4 個方面：引導者的帶領風格、活動順序的安排、參與者的行為以及後勤支援等。

　　有一些棘手的問題是很容易被發現，但不容易解決的，如參與者自身的行為問題，而有一些問題是「既定的」，如

你無法把空間和人改變到如自己所願的地步；並且，還有些問題只有在浮出水面的時候才會被發現；甚至不管你計畫得有多周密，總有一些事情和你的願望和預期不相符，甚至背道而馳。很可能有人會想，體驗式培訓課程有如此多的變化與不可控性，是否太過於具有挑戰性了？其實，這也是體驗式培訓的魅力所在，你無時無刻不在冒險與探索，創造體驗、適時引導，你既是一位活動帶領者，還是一個專案設計者，同時也是一名團隊引導者，你不但要關注個人，還要關注團隊的學習。所以，體驗式培訓是真正以學習者為中心的學習方式。當然，前提是你是否能做好以上所提到的 3 種角色的要求。

體驗式培訓的引導者所掌握的知識、活動數量、你的自信心以及應對團隊時的經驗會讓你有許多選擇，這些是實實在在的技巧，可以影響和對應參與者行為中的不可預知的問題，也可以影響和應對後勤無法改變的情況。引導者選擇所要做的事情以及不做的事情，都會對團隊產生極大的影響。

根據這些年來的授課經驗，表 4-1 列出了一些在活動體驗過程中，引導者所面臨的主要問題。以下 4 個方面所出現的問題，有些因素會在多個方面影響，所以會出現交叉，但不管怎麼說，這些列表只能說明一些較為明顯的問題。希望大家對以下因素保持覺察，可能會對你有所幫助。

表 4-1 活動體驗中引導者面臨的主要問題

引導者的帶領風格	活動順序安排	參與者行為	後勤保障
陳述不力	時間安排不當	時間觀念不強	地理條件、自然條件差（刮風、噪聲、安全等）
活動選擇不力或糟糕	過多或過少的挑戰	令人感覺不安全	設備與器材不當
缺乏想像力	令人感覺不安全	敏感性問題對應	人太多或太少
不恰當的情境	活動可選擇性小	舞弊	時間太多或太少
對團隊的推動過於嚴格或不夠	競爭與合作的平衡不力	屈服於同齡人壓力	隱藏日程安排
太嚴肅或太過搞笑	敏感性問題活動	信任度小	環境不安全等
說話聲音大小或熱情度等	活動沒意思或不合適等	有人袖手旁觀、太活躍或太被動等	

塑造帶領風格

　　毫無疑問，一個人的風格將會對與之產生連繫的人們產生影響，而體驗式培訓引導者的帶領風格會對一次活動或課程能否成功產生極大的影響。什麼是風格？風格是指具有獨特於其他人的表現、打扮、行事作風等行為和觀念。一個人

的風格特徵其實不容易理解與分析，但你可以很容易感覺到它的存在。探討風格是一件比較麻煩的事情，因為通常大家對不同的行為都會有自己的看法，並沒有放之四海而皆準且一成不變的風格。所以，我們很難說明什麼才是「適合」的體驗式培訓引導者的帶領風格。但是，儘管如此，隨著培訓經驗的不斷累積，你可能會愈覺得引導者的帶領風格會在很大程度上影響學習經驗的產生。引導者的目標之一是要拓展自己的帶領風格所能影響的範圍，以便盡可能讓更多的人對你做出積極的回應，這是作為引導者的修練。

引導者的帶領風格可以是很多方面的，結合大量體驗式培訓課程引導者的授課經驗，可以提出引導者需要發展的比較關鍵的風格。

1. 樂趣與幽默

樂趣和幽默是絕大多數引導者心目中帶領風格中最為重要的風格，這兩者可以伴隨引導者走很長的路。另外，引導者的自得其樂是讓別人也享受樂趣的一個好方法。

在課程一開始，引導者可以讓參加者圍成一個圓進行活動。如果這個團隊裡都是年輕人，那引導者就可以開個關於「山洞裡的毛怪」（讓大家比較容易聯想到，又可能讓大家不太自在的「東西」）的玩笑，可以說明握著別人的手時，要

注意別沾上這個東西，用人們可能擔心的事物開玩笑，就很容易使人注意力集中，感到自在。或者也可以利用幻想鼓勵人們手牽手。例如，「如果我們都手拉著手，我們就可以阻止那些『毛怪』傷害我們，因為只有在你空著手的時候，牠們才會襲擊你」。對大家想像力的召喚經常讓參加者去做本來想迴避或拒絕的事物。

什麼時候需要幽默？當人們剛剛開始互相認識的時候；參加者剛剛完成一個熱烈的具有啟發性的活動時；又或剛剛完成一次冗長的討論時；還有發現參與者感到疲憊而引導者想要讓大家產生新的活力時，就可以選擇一個搞笑（也可以自嘲）的遊戲來緩解壓力。

關於「出洋相」有一個需要注意的地方：引導者最好帶頭做些示範。通常情況下，學員要是沒有看到別人先做的話，不太會願意做這樣的事情。

❷ 幻想與想像

回想一下，你小時候在學校（或者幼稚園）裡扮演警察、護理師、醫生、武士、將軍、公主等的經歷，也許你早已忘記了那些具體是什麼事情，但你很可能不會忘記在幻想體驗中那種讓你興奮的感覺。看看《星際大戰》、《星際爭霸戰》等科幻電影，各個年齡層的人都為幻想而著迷，為可能

會發生的異乎尋常的事情而專注。

在體驗活動中，幻想和想像就是催化劑，能夠引發人們置身險地的「興奮感」。關於活動的大部分描述都表明，風險、危險和興奮都是體驗中不可或缺的部分。回顧一下許多體驗活動的發明，你會發現其中融合了很大部分的想像。

「D DAY」是一個關於溝通的活動，要求人們抽籤分成幾個小組，進行訊息傳遞，並完成任務。但如果你把這個活動加上「二戰」時期盟軍與德軍之間的諾曼第戰役背景，你就可以讓活動達到一個新的境界。

再比如「核子危機」，這只是個簡單的活動，要求大家用繩子以及其他東西做成一個裝置，抓住一個杯子並將一些東西倒入另外一個杯子的活動。但如果活動中要求不要將「有毒的廢品」濺出來，人們的專注和決心就能得到更淋漓盡致的發揮，這就是我們都想達到的目的。

不要忘了，我們創造活動是為了讓大家享受樂趣，在人們愉快地參加角色扮演時，活動本身就具有了意義。

3. 適當放權

引導者時常要問問自己，你為什麼做你正在做的事情？你是在幫助整個團隊成長，還是想幫助團隊獲得成功？兩者會有什麼不同？有些時候，幫助團隊成長就意味著允許他們

去努力奮鬥、獲得成功或失敗以及從經驗中學習。如果你在活動中總是幫助團隊取得成功，他們得出的結論很可能就是沒有什麼東西需要再改進，課程或活動本身的學習價值就不容易顯現了。

　　過分指導的後果是參加者感覺不到自己的責任，或在體驗中缺少自己是主角的感覺。和青少年在一起的時候，你可能會覺得他們沒有能力管好自己，如果你給他們指引方向，他們只會沿著你的路線走。可是，也許還有其他路線也可以做到呢？

　　但是，在涉及安全問題的時候，這種「放權」的原則就不適用了。引導者應該時時對團隊成員的安全負責。

4. 自信

　　體驗式培訓的引導者要顯得知識豐富且自信，因為許多活動存在一些風險，你要讓人們知道你是有把握的。但是，也需要注意尺度。我曾經看過一位引導者在做高空降落示範動作的下降過程中，時不時會做幾個「瀟灑」或者「酷」的高難度的動作，博得一片掌聲與驚嘆聲。但需要思考的是，這樣做會不會使你看起來太出色了？是否可能因為你把事情做得好像很容易的樣子，而使參與者不敢嘗試或者認為你過度炫耀而放棄？

我們對活動進行演示，要第一個嘗試，要全力以赴，透過以身作則，鼓勵人們進行嘗試；偶爾自己做出搞笑的樣子，誘發一種逗樂的情緒，讓別人也放下「包袱」去做；自己在遊戲的時候精力旺盛、其樂融融，也就能夠促使大家投入精力。

5. 隨意自在

隨意的能力指的是你的行為、言辭和舉動會讓人們感到自在。你是在邀請大家和你一起享受樂趣；為了讓大家願意參加，要以身作則，引導者需要營造一種氛圍讓參與者去體驗和嘗試新事物，而不用擔心接受來自引導者或其他團隊成員的評判甚至批評。

要做到自然、放鬆，不要太逞強。引導者太能幹了，人們就會感覺他們自己能力不足。應該表現出你願意試試而且也可能失敗的樣子。如果不能完成任務，也沒有必要有糟糕的感覺。

當然，帶頭進行活動也是有風險的。所以引導者在做示範時，要明白你正在冒風險。引導者要對哪些風險是合理的、哪些風險是不合理的有清醒的認知。因為引導者要讓參與者跳脫舒適區進入學習區，所以引導者而言，你的舒適圈一定要比參與者的舒適圈要大，這樣你才能把活動的選擇限

制在相當有把握的範圍內。

在活動過程中，引導者的角色要漸漸退出，團隊會開始管理自己的行為並努力。活動中，作為引導者的你要對團隊或個人的需要做出回應，你可以向參與者提供要求更高的活動，不管是體力的、腦力的，還是情緒方面的，只要你覺得團隊有能力應對新一層級的挑戰。隨著團隊逐漸獲得新知識、新技能，並且表現出更強的凝聚力，你就可以在情況許可的條件下變得更加隨意。

最後，一味地以同一種風格進行活動，或一味地遵循相同的活動順序，這兩種方式都會使你落入俗套，也會無法有效滿足團隊的需要。好的引導者要懂得了解自己的長處並加以利用，同時要不斷地尋找新的方式和技巧，這本身也是一種冒險，冒險是生命產生意義的動力來源。

▋活動安排順序

在開展體驗式培訓課程中有一個事實就是，你會發現這樣的課程通常是由大量活動組成的。這說明活動的部分在體驗式培訓中是不可或缺的，或是體驗活動，或者是反思性活動。但明眼人會發現，在實際開展課程中，引導者對於活動

的安排,尤其是活動與活動之間的順序該如何安排,總是存在著各式各樣的問題。所展現出來的狀況要麼是活動與活動之間毫無關係,要麼活動與活動之間轉換得過於生硬,就算課程背後有內容或有理論支持,其結果還是會導致課程四分五裂、毫無章法。那我們該如何安排體驗式培訓課程中的活動順序呢?

體驗式培訓的活動順序安排與引導討論一樣,也是一門藝術,有時候引導者要靠自己的感覺,有時候是憑引導者的直覺,有時候引導者要靠理性的分析,還有些時候要靠引導者自身的經驗。

當然,安排活動順序有一個前提,就是作為體驗式培訓的引導者,你需要尋找或創造出一些適用於任何場合的體驗活動。如果引導者剛好知道有適合某個場合或情境的活動,那你可能成功了一半;而另外一半取決於你要意識到那是否適合團隊和場合的需要。

在體驗式培訓課程中,合理安排活動順序是一個非常關鍵的技巧,因為體驗的流程會對參與者的經驗產生極大的影響。課程進度太慢會使參與者因為乏味而失去興趣;進展太出乎意料或者過快,人們就會變得緊張而退縮。合理安排活動順序能夠使團隊的活動順暢進行,要把挑戰的難度和參加者自身應戰的能力加以權衡。

　　首先，可以運用 GRABBSS 團隊狀況評估工具，觀察參與者以及團隊的需要。他們是不是累了，是否需要休息？他們是不是緊張了，需要放鬆和自在？是不是焦慮或沒興趣，或者需要釋放積壓的能量和情緒？是不是太冷或太溼了，需要熱身或到室內去？引導者對團隊的觀察，決定了引導者如何選擇下一個恰當的活動。

　　直覺和觀察可以給引導者描繪出一幅有關團隊進展的大圖。有時一些表象也需要注意。例如，在活動中，獨自站在角落上的那個人僅僅是因為累了，還是覺得受了排斥而離群了？團隊想要休息的時候，是真的想要有機會再振作精神，還是迴避棘手的問題？團隊違反規則是因為想要成功，還是要破壞團隊活動？直覺引發問題，應該透過表象找出選擇下一個活動的路標！

　　引導者對團隊的分析包含了看到的、聽到的和觀察到的。如果人們互相說「粗話」，他們可能就沒準備好進行一些很有挑戰或高風險的活動。如果連「風中勁草」這樣的活動都進行得很費力的話，他們很可能無法進行較為高難度的「高空信任倒」活動。要給團隊提供恰到好處的挑戰，幫助他們樹立信心和能力。每一次重新檢查他們的表現時，引導者不僅僅是在審視團隊的進步，也是在尋找下一個轉捩點，即可以引導團隊的地方，確定那個地方是可以安全地讓他們

繼續前行的。

　　需要注意的是，對體驗式培訓中活動順序的安排並沒有什麼對與錯之分，引導者需要培養自己安排順序的直覺！另外，引導可以依靠團隊評估的工具、行為改變理論以及創造人們行為、情感與認知失衡的情境，來幫助自己培養這種直覺，累積經驗。除非你能計劃、觀察、做出反應並能適時進行調整，否則作為體驗式培訓的引導者，你還是不合格的。

▋DDADA：帶領體驗活動的流程

　　體驗式培訓課程均由許多的體驗活動組合在一起，每個活動操作得好壞，也直接對學習的過程與結果產生影響，引導者需要在操作體驗活動時，有一個步驟或者流程，以便於在組織活動時有章可循、有的放矢。DDADA 是美國新遊戲基金會用來教人們怎麼組織活動的口訣。這個口訣可以幫助引導者按部就班地進行體驗活動操作。

❶Describe —— 描述

　　通常每一個活動都會有活動情境與規則，把這些告訴大家；一般最好的方法是陳述越簡單越好，但要說清楚，以便

大家都聽得到、聽得清楚。在描述或陳述的時候可以有些創意，但是過多的細節也會使人感到迷惑，在需要的時候用上一些幽默和幻想。

❷Demonstrate —— 演示

視覺遠比聽覺要更容易讓人印象深刻，一幅圖片比千百句話要強得多。不管你的解釋多麼有效，其實簡單的演示就能說明所有的規則。像某句話所說的：「聽的東西容易忘，看的東西記得牢。做的東西懂得多。」

❸Ask —— 問問題

在開始活動之前，要看看是否還有參與者需要解釋或說明的。我的經驗表明，如果你不去問參與者，他們很可能也不會問你。但是，如果大家問題有很多，引導者也不用對所有的問題都回答（尤其是在開展青少年教育訓練的時候）。一般來說，最好讓大家盡快進行活動，以便讓參與者投入並可以感受到樂趣，因為過多的問題會打斷你想營造的氛圍。

❹Do —— 做

活動開始，就盡情地玩！如果參與者還對其中的一些規則不甚了解或有疑問，活動只要開始了，他們就很快會明白

的。如果你注意到還有人表情迷惑，很少或幾乎沒有人開始
活動，也可以打住並再次進行解釋或演示。也有些例外的情
況，如有些活動的特點本就是「迷惑」，其過程也是遊戲的
部分時，但如果你等到所有的人都明白規則，你就別想玩
了。順其自然，享受樂趣。

➎ Adjust —— 調整

　　學會觀察，看看參與者是否享受樂趣。如果是，那就讓
遊戲擴大進行，接著進行觀察。如果你懷疑參與者的精力和
熱情在衰退，要麼改變一下規則或者換成另外一個遊戲。

　　DDADA 是個簡單流程，可以為引導者帶領活動提供一
個結構或邏輯而對自己有所幫助。如果你是在學習和培養自
己的帶領風格，那這樣的幫助就特別有用。但是也要記住，
這只是一個指南或者參考！要學會靈活運用，適時地進行調
整，讓它使你所帶領的團隊效果更好，使你安排的遊戲或活
動效果更好。反之，如果是指南指導了你所有的言行，那麼
它就失去它的價值！

█ 引導者的困境

作為體驗式培訓的引導者,工作之一就是開展學習活動時,說明活動規則並讓大家遵行活動規則。但是,在實踐過程中,時常會出現所謂的活動違規行為,或者挑戰規則的行為,甚至因為活動規則而不再參與活動等現象。所以,引導者讓參與者了解什麼時候該怎樣遵行規則確實是個難題。想像一下,活動規則被徹底違背的時候,作為引導者的你該怎麼辦?如果有兩個或更多的人對活動規則產生爭議,你又該做何反應?

引導本身就沒有唯一正確的答案,所以答案還是該視情況而定。具體一點說,是該看看什麼規則被違反了,對個人或團隊造成的後果是什麼,對引導者的角色產生的影響是什麼,如果引導者對違反規則的行為聽之任之的話,對接下來的活動會帶來什麼樣的影響?

❶ 需要有創意的說明

「快速傳遞」活動的基本規則:(1)物體傳遞開始者和結束者為同一個人;(2)觸碰必須是有序的,也就是說,大家並非可以在同一時間觸碰物體;(3)在活動過程中大家都必須經過該物體。

團隊開始尋求解決方案時，通常都會問：為了更快地完成任務，可否將圓圈中各自的位置重新排列，這樣屬於違反規則嗎？在這種情況下，雖然大家會覺得人員移位的方法改變了舊有的狀態，但卻並沒有違反規則。這個例子清楚地說明了有創意的想法。我個人認為，應該讚賞團隊的這個行為。

另外，團隊也可以讓某個人抓住該物體，讓大家圍成圓，在四周旋轉並用物體去觸碰每個人的手。顯然這樣的方法可以爭取更少的時間完成任務。但是，這是否屬於違規呢？答案是或者不是，要由你作為引導者自己的視角來判斷了。

第一種，違規，因為他改變了活動一開始就指定的「有序」這個定義（每個人都要有序傳遞，並把它傳出去），因此可以被視作違反規則，這個方法還使得至少有兩個人同時觸碰到了物體。

第二種，不違規，如果團隊把「有序」重新定義為「那樣的」「有序」，那麼這個方法似乎名正言順。如果團隊把一個人手持該物體然後用它來觸碰其他人作為有序的觸碰，那又是不違規的了。

這兩種的情況在處理時，引導者一定需要問問自己：這個活動的目的是什麼？這些所謂的「違規操作」對團隊的學

習是造成了有益的作用，還是造成了阻礙作用？

「快速傳遞」是一個旨在團隊共同解決問題、激發創造力的活動。應該對團隊的創意有所鼓勵，讓他們選擇對規則進行有利於自己的解釋。這兩個例子是典型的有創意的解決方案。

但是，引導者也不要忽略了活動的其他動因。在引導對話的過程中，問問大家對「有序」的新看法。通常情況下，大家並不太喜歡這樣的做法，因為這樣讓他們放棄了個人的角色參與以及個人對團隊的貢獻。但是大家也願意用更短的時間來完成。這個底線使得犧牲個人的參與變得有價值。再看看團隊的目標是什麼，如果恰到好處，那可能規則改變的效果還不錯；如果目標是大家的參與，那這樣的改變效果可能就不會那麼明顯了。

不管是哪一種方式，都應該把改變規則之後產生的結果和嚴格執行規則的結果加以權衡。在引導對話中，通常人們在允許進行多種解釋的時候學到的更多。

②. 違反規則

再舉一個不一樣的例子。在「蜘蛛網」活動中，團隊一直竭盡全力讓大家通過那些網格。他們知道隨便一次觸碰都會使一個或多個成員返回去重來。作為引導者，你剛好看到

某位參與者第三次通過的時候有了一點點觸碰，也許團隊中有人看到了這一觸碰，也許沒有。那你是否允許他們繼續進行呢？

如果你覺得團隊已經是竭盡全力並且需要取得一些成功，那麼我認為，你可以忽略這一觸碰。你可以對他們的努力進行鼓勵，也可以在他們可能做得更好之前讓大家稍稍鬆一口氣。但是，引導者要明白：在這個場合中，你可能是在減少團隊從活動中取得的成就感，因為你沒有推動他們按規則嚴格進行。

如果你覺得觸碰是因為不小心，或者是為了趕在最後時間結束之前完成且匆忙中所引起的，你可能就應該在觸碰的時候叫停大家。這樣做的關鍵是為了讓團隊看看自己在做的是什麼。如果他們是隨便應付或對時間的壓力產生不同的反應，那麼這些失誤恰恰是讓團隊學習和增加覺察的機會。即使讓他們從頭再來，甚至最後活動失敗了，所產生的經驗帶來的對自己行為的了解與察覺，也比達成目標會好得多，更比不了解自己行動所帶來的後果好得多！

引導者必須考慮像 「蜘蛛網」和「快速傳遞」這樣的活動對團隊發展產生的影響。引導者允許團隊具有創造力，甚至加以培養，對參與者是有意義的，但是如果團隊在對規則進行有利於自己的解釋時做得太過頭了，就應該直截了當

171

地禁止。更要注意的是，如果你允許團隊在進行「蜘蛛網」活動時不嚴格遵守規則，那麼他們可能就會讓你在其他的情況中也「高抬貴手」，甚至質疑引導者對規則的說明。如果引導者在某個活動一開始就「網開一面」，那麼他們可能會期望你到最後也網開一面；如果最後你有了變化，而且是變得更嚴格，他們可能會把你，而不是把他們自己的行為視作失敗的根源！

嚴格執行規則是件好事，實際上，在專案開始時或在激發主動性的活動中，嚴格執行都是有利的。實踐經驗告訴我們，嚴格要求之後再放寬要求會比先寬後緊容易一些。即使你因為有些正當的理由而撤回一個規則，也很可能並不值得做。在大部分情況中，純粹為了成功解決問題而收回「成命」，並不是一個很好的理由。

③.5 種策略

總而言之，在遵行規則方面有 5 種策略：

1. 說明規則並告知後果；
2. 觀察違規情況，當下介入，並告知團隊（允許團隊來決定是否接受後果）；
3. 觀察違規情況，不向團隊告知（你可以讓違規操作成為引導對話的內容，對此類問題進行討論）；

4. 調整規則（調整規則及其後果也是一種選擇，當你觀察
   到大家已經有了對規則的誤解與錯誤的解釋時）；
5. 不管該規則。

優秀的引導者需要明白這些策略之間的差別，明白執行
各種策略中的利與弊。每一個策略都對引導者具有不同的意
義，關鍵就是要知道在什麼時候應該做出什麼樣的選擇。這
樣做很不容易，但掌握之後對引導者絕對有效！

▌ 展開活動的 9 個技巧

開展體驗活動（遊戲），必然會有一些需要關注的原
則。我整理了這些年親身做過的以及看到、聽到的經驗，現
在分享給大家。

1. 開展體驗活動，是為了創造樂趣，需要做什麼就做什
麼。引導者應該了解自己做些什麼才能讓人們感覺到有趣，
讓大家動手去做；但凡事不可過，要防止做得過多，同時，
要對做得過少的情況保持足夠的警惕。

2. 不管一個活動有多麼好或者多麼不好，引導者都可
以使活動或遊戲變得更好或者更糟。活動本身的可替代性很
強，重要的是引導者對活動的安排與設計。好的引導者可能

使糟糕的活動或遊戲也能派上用場，但是差的引導者卻可能
扼殺一個很好的活動或遊戲，這一點需要引導者多加練習。

3. 引導者在帶領團隊進行體驗活動的時候，如果想讓學
員得到的越多，自己就越應該要做得好。換句話說，引導者
讓學員發展的技能越多，團隊的需求就越複雜。引導者是在
利用體驗活動來達到更複雜的目的：引導者在其中要施加的
意識越強，就越需要注意團隊的需求。

4. 引導者不需要關注課程其他細節還要做些什麼，關鍵
是要讓學員得到樂趣。人們很容易被規則、器材、活動體驗
的結果、輸贏、討論的問題、態度等所束縛，但只要你能讓
人們樂在其中，他們都會保有興致，並準備接受其中的學習
機會。如果沒有了樂趣，學習的機會也會減少。

5. 永遠要記住，引導者準備的活動要比需要的多，特
別是當你還是新的引導者的時候。準備的活動比實際要用
的多，這會使你感覺更穩妥、更自信、更有的放矢，但引導
者也要記住，你無法總能預料到個人和團隊對體驗活動所做
出的反應。因此，你還應該向他們提供其他能產生樂趣的東
西。你需要思考，除了活動或遊戲本身，還有什麼元素可以
產生樂趣。

6. 一個體驗學習課程的開頭 15 至 30 分鐘可以成就一
次體驗式培訓，也可以毀了一次體驗課程。開頭的幾分鐘會

對課程其他部分產生很大的影響。孫子兵法有云：「是故勝兵先勝而後求戰，敗兵先戰而後求勝。」你要使出渾身解數來，要準備打一場有把握的勝仗。通常我們在持續好幾天的課程中，對於剛開始的階段不那麼重視，因為你還有時間去彌補。那些只有一天甚至只有半天的課程，開始階段就顯得尤為重要，課程一開始就應該做好應對之策。

根據團體動力學的研究顯示，當一個團隊初次在一起時，團隊成員總是期望團隊的領導者能提供指導和支持。在體驗學習活動的開始時，作為課程帶領者，你必須把自己放在活動的中心位置，保持高度的可見度，做出表率，以便向團隊展示你對活動瞭如指掌。你的鎮定和自信可以使參與者感到輕鬆自如，使他們易於投身於活動。在學習活動的開頭，你可以向團隊成員介紹你的背景和所受的訓練，使人們有理由信賴你。在培訓開始時通常最好先介紹或說明經驗學習理論、全方位價值契約以及選擇性挑戰的內容，這些訊息可以幫助人們理解他們將要共同參與的活動，並感覺輕鬆自在。在很多情況下，提供背景訊息可以構成一個很好的引子，但要注意，盡量輕鬆、幽默、熱情，與開展的活動相比，人們往往會感到以上訊息比較無聊或乏味，也可能不會重視，但這僅僅因為訊息的介紹是低能量的東西，絕不意味它就是低效率的。當然也有例外，當你面對的是一群小

學生，或者在一個體育館裡面對 50 多位老師，只有半天時間，又或者在一次會議中，而且只有一個半小時，你必須盡快讓參與者融入學習活動之中。遊戲通常能很好地吸引大家的注意力，如分組、配對、按生日列隊等，活動也可以是好的開頭，但也要注意課程的流暢性以及邏輯性，要清楚為什麼要做各式各樣的活動，不要為了活動而活動，甚至課程前後脫節，毫無關聯。這些活動的共同點：規則簡單、無需什麼器材、無需太多技巧、充滿樂趣。這些遊戲也可以讓課程帶領者參與其中，在活動開始時把自己當成團隊的一員，鼓勵大家積極參與，當大家看到你投身其中，也就更樂於參與其中。

7. 保持視線接觸。在帶領戶外活動時，有些時候會有陽光的照射，有些引導者為了減輕眼睛的疲勞程度，會戴一副太陽眼鏡。但是，請注意配戴太陽眼鏡會在引導者與學員之間造成障礙，這樣做會無法讓彼此進行視線接觸。很多時候正是這樣的小細節，對效果造成了較大的影響。引導者應該敞開胸懷面對團隊，不要讓學員覺得你高不可攀，從而產生距離感，讓彼此交流變得不容易。要記住，凡是限制大家彼此連繫的東西，都要慎重考慮。

8. 引導者的站立位置的選擇。引導者在對活動進行解說的時候，站在團隊中央是符合邏輯的。但是並非在每個場合

都需這樣站立。在體驗式培訓課程一開始時,通常是讓學員們圍成一圈進行活動,如果引導者選擇站在圓圈的中央,就會意味著有些人在自己的身後。他們可能聽不見你說的或看不見引導者演示的動作。引導者需要考慮站在哪裡才能對學習者團隊形成最佳的影響;千萬不要以為總有一個位置在什麼時候都適合。

在進行規則說明時,引導者應該站在圓圈的周邊上,以便大夥都能聽得見、看得見。然後,如果需要演示,引導者可以移動到圓圈的中央,讓大家看引導者的演示。如果有人提問,引導者在回答時要四處走走,盡量聲音大一點,以便讓每個人都能聽見。

9. 要啟發,不要只是休閒或娛樂。良好的引導討論可以把令人失望的體驗經歷變成強而有力並有價值的學習機會。當然,這並不是說人們尋找快樂就不好,要清楚目標;要記住,娛樂只是通往學習道路上的一個工具而已。

▌體驗學習的精髓

還記得在小時候接受教育的過程中,我們好像更多地關注於教學目標、成績或者教學結果如何,而對於學習是否開

心、學習的過程是否有樂趣這件事，無論是老師還是學生或者家長都好像很少關注，更談不上在這方面做什麼文章了。

然而，體驗式培訓課程相比於其他培訓形式的獨到之處就在於它的樂趣，對於大多數成人而言，樂趣往往與娛樂、消遣、嬉戲畫上等號，被認為與學習、教育無關。但是，我們認為樂趣是體驗活動經歷的中心，樂趣非常重要，大家玩得開心，才會積極參與，而且樂趣會讓參與者注意力集中，熱情高漲，樂趣是教育的重要工具。

什麼是樂趣？樂趣是一種感受，是笑聲、想像力、分享、討論、冒險、挑戰，它會讓人開心、放鬆、愉悅，但又是變化不定的。樂趣很難描述，也不容易製造，但你可以很容易辨識！如果你想讓大家熱情參與，就需要以充滿樂趣的活動作為課程的開始。Peek-A-Who 中的猜對手名字的歡鬧，Hog Call 中找不到搭檔的些許尷尬，Trust Fall 活動中的焦慮感及擔心跌落的恐懼心理，這些都是體驗式培訓課程中的樂趣，是對未知的活動結果的體驗。當然，體驗式培訓課程的順序安排很重要，為了建立信任、鼓勵參與，引導者必須讓團隊從身體上、心理上還有情感上做好準備。樂趣有時也看似不存在，如當團隊花了大量精力努力挑戰但達不成任務，即將放棄時，樂趣就只會是個幻想。但樂趣也可以是引導者的工具，它可以喚回團隊成員，使之重新聚焦，人們的精力

與熱情也會隨之而來。想像一下,如果你的課程充滿樂趣,參與者就會渴望獲得更多,如果參與者想要獲得更多,就會更主動地參與課程,而其結果就是他們在這樣的課程體驗中受益更多。好的課程、成功的引導者身上有一個要素,就是樂趣。體驗學習課程可以沒有樂趣,但是,我們不認為沒有樂趣的課程會是個好課程!

對玩遊戲的重新認知

玩遊戲,在很多人的心目中意味著不務正業。家長和教師因為孩子沉迷於遊戲之中而倍感焦慮,單位主管看到下屬玩遊戲而心懷不滿。因為遊戲而導致的各種矛盾和衝突此起彼伏,但遊戲的玩家並沒有因此而減少。

柏拉圖曾經說過:「一個小時的玩耍比一年的對話更能讓你了解一個人。」馬丁・布伯(Martin Buber)說:「玩耍是盡情享受可能之事。」尼采說:「每個成人的體內都有一個渴望玩樂的小孩。」如果這些著名的哲學家都如此推崇玩耍的話,那麼我們為什麼認為喜好玩樂的人就不如那些只會埋頭苦幹的人呢?我想這是傳統觀念造成的。也許也是對方法多樣性的無知,於是,人們繼續像服苦役般的每天 8 至

10 個小時拚命苦幹，而忽視了這樣的一個已經被大量證據證明的事實：喜好玩樂、富於創意的態度能使員工更加熱愛工作、富有成效。

企業的老闆如果無視玩樂、休息和沉思能改善員工心情、提高員工效率的事實。那麼員工們就會出於職業上的壓力，假裝忙個不停，無視品質、只顧生產、不斷地加班，以彌補由於個人勞累和睏倦而造成的低效率。玩樂和輕鬆的態度並不是解決一切問題的靈丹妙藥，但它們確實比加班和不停地喝咖啡更為有效。玩樂有時會使一些人感到惱怒。這些人不知道如何玩樂，甚至沒有認識到玩樂對於他人的重要性，以至於任何與公司實質性問題沒有直接連繫的活動都被視為毫無意義和造成反效果的。

我們再來看看身邊的例子，據統計，在各種網咖和遊戲機房中，至少有 200 萬臺的電腦在晝夜不停地運行，為玩家提供遊戲的環境。隨著 iPad、智慧手機等的普及，人們更是隨時隨地就能接觸到各種成熟複雜的遊戲和虛擬世界，遊戲已經成為人們生活的重要組成部分。

簡·麥戈尼格爾（Jane McGonigal）在《遊戲改變世界》一書中，總結了遊戲的 4 個基本的特徵：目標、規則、回饋系統、自願參與。幾乎所有的遊戲，目標都非常清晰，規則也很具體，參與者也都是自願的，更為重要的一點是，玩家

只要投身其中，就能獲得及時的回饋。玩家可以透過畫面、記分牌等多種管道直觀地看到自己對遊戲的影響，感受到遊戲系統對自身行動的敏感反應。遊戲的回饋力度越大，玩家就越願意花費時間投入其中，那種強烈投入的狀態常常比獲勝的滿足感更令人愉悅。這種因遊戲而喚起的滿足感、愉快感和自豪體驗，往往讓人欲罷不能。

玩遊戲其實是一件非常辛苦的事情，遊戲的級別越高，越是耗費心力和體力。那麼為什麼有如此多的人願意投身其中呢？這是因為遊戲的過程充分啟用了與快樂相關的所有神經系統和生理系統，包括人的注意力系統、激勵因素、動機系統以及情緒和記憶中心等。玩家最看重的，是它帶來了實在的情緒獎勵。而在現實生活中，無論是學校、機關、工廠還是其他日常生活環境，都很難有這樣的情緒體驗。很多人忙忙碌碌了一整天，自己都不知道在忙些什麼，看不到努力的結果，也無法對自己的存在產生價值感。

成長在數位化時代的孩子，從小就不斷接觸各種類型的遊戲，對數字遊戲更是有一種天生的親近感，把高強度參與和積極投入視為理所當然的事情。這對今天的教育帶來了巨大的挑戰：如果孩子從小就是在玩複雜遊戲中長大的，在低動力、低回饋和低挑戰的學校環境下要正常發揮就太難了。不僅僅是學校，整個社會工作都是如此。現在是到了重新認

識遊戲價值的時候了。

在希羅多德（Herodotus）的《歷史》中講述了這樣一個故事：3,000 年前的呂底亞，出現了全國範圍內的大饑荒。呂底亞人是這樣度過難關的：用一整天的時間來玩遊戲而抗拒對食物的渴求，第二天吃些東西，克制玩遊戲。依次輪換。他們一熬就是 18 年，其間發明了骰子、抓子兒、球以及其他所有常見的遊戲。

這個故事告訴我們，遊戲並不都是讓人頹廢的，優秀的遊戲可以改善困境中人們的真實生活品質，支持大規模的社會合作和公民參與，幫助人們提升可持續生存的本領，引導人們用創新的方式來面對生活中的各種挑戰。

很多人之所以沉迷於虛擬世界中不能自拔，是因為在現實生活中感受不到因參加高難度的挑戰所帶來的情緒上的最優體驗 —— 心流。如果我們能夠藉助遊戲的優勢，重塑公眾生活，讓玩家在現實生活中就能獲得這樣的最優體驗，挖掘自己的潛能，發現自己的價值所在，那該多好！

這並非天方夜譚。《學習的遠征》就是紐約市為 6 至 12 年級的特許公立學校設計的遊戲課程，在這裡，沒有作業、沒有考試，只有任務、更新和適時的獎勵。孩子們每天以遊戲的方式進行著充滿刺激的學習活動。比如在英語課上，孩子們不僅僅是想要獲得一個好分數，而是以更新為第一目

標，透過參與講故事環節或創意寫作的方式進行英語課的闖
關……垃圾分類這一困惑社群管理的頑疾，其實也可以透過
遊戲的方式加以解決。由業主委員會相關成員作為遊戲的管
理員，邀請居民參加垃圾分類活動。居民按照分類提交的垃
圾越多，就能獲得越多的積分，積分情況能夠及時在公共場
所或網站上公布。業主委員會利用垃圾分類銷售收入等各種
管道獲得的資源，成為支持這一遊戲的基礎……在遊戲中，
原本很平凡的生活、學習和工作變得富有趣味、更加具有挑
戰性。

　　遊戲所能做到的遠不止這些。我們正邁入一個充滿挑戰
的時代：經濟發展停滯不前、流行病傳播、氣候變化無常、
全球恐怖主義、糧食危機、能源危機、數據違法活動、大規
模的移民等等。如果我們能將這些問題透過遊戲的方式呈現
給社會，集聚各方的智慧和力量來找尋答案，就會促使玩家
成為更優秀的公民。未來幾十年，解決重大社會挑戰的遊戲
將在我們實現民主、科學和人道主義目標的過程中扮演重要
的角色，也會越來越多地把人們帶到現實環境和面對面的社
會空間。

　　作為體驗式培訓的引導者，我們的工作通常是在真實的
世界裡帶領學員參與到精心設計的情境活動或遊戲中，透過
活動或遊戲的體驗，加上引導討論與反思，教導溝通、合

作、信任等團隊技能和培養團隊領導技能以及領導力。要提
高設計並帶領好遊戲或者體驗活動的能力，讓參與者願意參
與，同時能透過遊戲讓學員感受到樂趣、挑戰，從而產生意
義、帶來學習的價值，這是每一位體驗式培訓課程引導者必
修的功課。

第五章

引導討論的祕訣

本章節將探討引導討論的價值，在體驗培訓中如何開展引導討論，引導討論的核心技能 —— 提問的能力，引導討論的結構與步驟等等。

▍體驗式培訓是教育還是娛樂

體驗式培訓是教育，還是娛樂或休閒？這是一個很實際的問題，也是體驗教育或培訓領域的同仁們時常會遇到的疑問。我們不從學術的角度對教育與娛樂或休閒做過多解讀，何況目前這兩者之間有許多融合與借鑑，如提倡教育娛樂化或為娛樂賦予教育的意義等，網際網路時代流行的就是跨界。所以，我們從開展體驗式培訓實踐中來思考：它實現的是教育或培訓，還是在娛樂或休閒？兩者在開展形式上有什麼區別？

前面章節中提到過在體驗式培訓過程中，大多數人都喜歡這種快節奏的活動、人與人之間的交流互動以及新穎的挑戰。體驗式學習課程的精髓也十分單一，就是樂趣！樂趣會讓參與者注意力集中，熱情高漲，樂趣是教育的重要工具。但是，體驗式培訓課程不僅僅只產生樂趣！

體驗式培訓課程的引導者會讓樂趣點滴滲透進課程中，

但作為參與者的你，是否也曾察覺到，這些慢慢形成的快樂因素裡，恰恰就是自己進一步學習的機會。如果作為課程的引導者和你的學員們都急切且歡笑著參與到遊戲的過程中，而並沒有轉向以團隊的身分努力完成些什麼，解決什麼問題、反思一些什麼經驗，沒有讓個人或團隊覺察出一些與現實世界相關的事物，那麼你所提供的只不過是一次娛樂性的休閒，沒有別的什麼。

當然，如果作為課程的帶領者，你是在夏令營或其他什麼背景下開展體驗活動，同時休閒或者娛樂就是你想要的，那麼你就堅持下去，一定會有一些有趣的事情發生！但是，如果引導者想要讓自己的學員或參與者們體驗解決問題所帶來的好處、積極參與活動的樂趣、發展人與人之間的關係、激發潛能讓學習者產生個人成就以及欣喜於創造性地解決問題，那你就應該思索一下自己作為引導者這一角色，並讓學習者學會預測、激發和處理各種人與人交往過程中有可能出現、真切地而有代表性地反映我們日常生活的情況。

作為引導者，你可以以尋找樂趣為起點開始活動或者遊戲，但也需要明白，一旦你開展遊戲或者活動，就極有可能會增長許多有益的見識及心得，儘管有可能你本來的初衷是為了找「樂子」，這些所謂的「樂子」卻很快成了你完成課程或基本目標的理由。

　　體驗式培訓是教育還是僅僅娛樂或休閒？兩者之間的差別就在於一點 —— 引導者是否懂得引導討論。

　　很多人都說引導討論是最難學好的一個引導技巧，因為這樣的技巧無法信手拈來，許多課程的引導者在開展體驗式培訓課程時就往往迴避了這一點。

　　人們迴避引導討論的理由有很多，常見的理由：做不好，沒有這方面的技能；擔心會有自己無法處理的問題發生；不覺得溝通探討有什麼樂趣可言；無法讓人們溝通和暢所欲言；自己的角色是教練／老師；出於自我保護等等。

　　所有這些憂慮或者擔心都是有根據的。但是，還是請引導者不要迴避引導討論！因為，有了它，就比沒有它的體驗式培訓增色很多！

　　如果引導者在主持引導討論的時候感到很不自在，那可能就意味著你不太確定該怎麼做，沒有這方面的技能。對未知東西的擔憂或恐懼是可以預見的，而且恐懼將影響自己引導討論的效果。引導者可以接受一些訓練，聆聽一下對方的觀點，思考一下促進彼此的交流與對話為什麼很重要，怎麼做能使它發揮作用。試試看，獲取一些好的回饋並看看別人是怎麼做的。再試試看，要牢記一個引導者的成長週期：接受訓練 —— 日常練習 —— 教練指導 —— 累積經驗 —— 不斷更新。

▌引導討論

體驗式培訓課程是教育還是娛樂，其區別是是否展開和懂得引導討論。什麼是體驗學習課程中的引導討論（De-brief）？如何才能做好引導討論？引導討論的構成要素為何？理解構成良好的引導討論的要素，將對引導者掌握這一重要的技巧有諸多助益。

1. 引導討論的前提

引導者開展引導討論是希望參與者們放心地進行開放而坦誠的交流或溝通。學習過程中，全方位價值契約是確立團隊行為和討論規則的有力工具，確定可以接受的行為標準是活動一開始就必備的一個關鍵因素。當然，僅僅說明這些準則是不夠的，引導者與學員還需要接受並且同意把它加以貫徹。作為引導者，你需要以身作則，成為一個開放、坦誠、具有同理心的表率。參與者會觀察你是否堅持這些既定的準則，如果引導者制定了這些準則，那就最好照章辦事，透過言傳身教表現你會遵守準則並提醒參與者不要越界。除非，你有所目的地要就此焦點開展引導討論。

需要注意的是，每位引導者都會有自己的侷限。只有當你覺得出現的話題與事情是你可以處理的，你才要去做。如

果出現了一些你無法有效處理的問題，那最好向一些更有技
巧的人尋求幫助和支持。

② 引導討論的目的與焦點

　　沒有目的的引導討論僅僅是隨意的談話。當然，不加限
制的引導討論也可以令人學到許多重要的東西，但是其結果
會比較難以預料。覺察團隊的目的、個人的需求將是對話的
關鍵。

　　探討的目的通常從團隊、人與人和個人的目標中產生。
參加者心中有所意圖的時候，引導討論就可以圍繞這些目標
進行。這些目標會促進溝通與交流，因為人們所探討的是與
他們的目標有關的體驗。

　　良好的引導討論需要有焦點來確保相關的學習價值點，
並使這些學習價值得到理解。引導討論應以「此時此地」、
「當下」為出發點。也就是說，引導討論是用來探討團隊的
直接體驗的。

　　在引導討論過程中，有時候參與者想偏離焦點去探討其
他話題，如果這個話題是個難題或令人不愉快，你會發現，
人們經常會試圖轉移焦點以避開直接面對問題或相關的情
緒，但迴避卻不會使問題消失。

　　優秀的引導者和良好的引導討論能使注意力集中於話題

上，不管是難是易，也不會讓毫不相干的事情干擾。

良好的引導討論也可以使學習向現實世界轉移。儘管參與者會明白他們在體驗活動中的行為會對結果的好壞有重要的影響，但是這些學習的內容更重要的價值在於與真實世界中自己的生活工作的連繫，使學員知道在什麼時候該怎樣集中精力，幫助他們理解並應用所學的知識，這是引導討論的過程中至關重要的一步。

3. 引導者與參與者的責任

引導者必須記住：體驗活動是大家共同的體驗經歷。引導者不應獨自擔當起讓經歷發揮作用的責任。參與者也需要拿出主角的姿態，對自己的學習負責。

參與者自己發言最多的時候，是引導討論效果比較好的時候。有時探討需要引導者的提示，提一些不加限制的問題、給一些描述情緒的機會、用書面或看得見的形式創造一些象徵某事件的物品（如隊旗等），鼓勵團隊成員溝通思想、傳遞情感以及交流意見。

如果引導者發現大部分時間都是自己在說話，需要重新審視一下自己作為引導者的風格了。良好的引導討論不是去告訴人們應該學些什麼，人只有靠自己學東西，學會後才會更受鼓舞，更對所學內容具有擁有感。引導者需要讓參與者

意識到，一次高品質的引導討論，也需要他們對自身的角色和義務有所了解才能創造出來。

④ 引導討論的 3 個層面

在引導討論中，引導者可能會對討論感到困惑和不自在，原因之一就在於你很可能不了解事情發生的動因。討論通常會在 3 個層面上發揮作用：團隊整體、人與人之間以及個人層面。了解到這 3 個層面之間的差異，會使引導者們更容易進行一次有效的引導討論。

（1）團隊層面。

團隊層面應集中在整個團隊所發生的事情上，它將分析影響團隊凝聚力的個人與人際間的動力。在大多數時候，人們可以把問題概念化，然後再試圖理性地解決所發生的問題。由於人們具有將經歷理性化的能力，團隊的問題有些時候就會變得較為穩定一些。常出現的有代表性的話題包括溝通、領導與配合、團隊精神、策略、問題解決以及觀念改變等。

除了以上的這些話題外，引導者需要注意，還有一些其他潛藏在表面之下的事物：降低團隊互動成效的行為、團隊的信任、小團體、來自同齡人的壓力以及對團隊的奉獻等。這些話題很可能會引起的較為強烈的情緒，需要加以關注。

（2）人際層面。

人際問題主要集中於人與人之間的互動上。有些時候這些互動會對整個團隊產生深遠的影響，會阻礙或促進團隊前進。人際問題也如團隊的問題一樣，可以是在認知方面的，但更可能會涉及一些情緒和感受，如消極、認可、信任、對安全的關注、同齡人的壓力、接受評判與否和對成見的擔憂。人際問題通常牽涉到人們的看法，以及這些看法對人的行為和相互作用產生的影響。

很多時候，團體的動力與團隊成員之間的事情緊密相關。但是，團隊成員很可能出現不願意或迴避某些人，或在面對那些人的時候感到不自在的情況。

良好的引導討論需要提供一個結構，讓團隊的成員們覺得可以面對和處理這些人際關係。儘管有團隊層面的話題可以依靠，引導者可能還需要使用行之有效的技巧，向大家分析人際問題，以便使整個團隊能夠了解該如何成功地處理這些問題。

（3）個人層面。

個人層面當然也會與認知有關，但更多的是，單獨的個人常與人們內心的問題有關。內心的問題涉及個人的感受，需要有專業的技巧才能行之有效地處理。

內心的問題包括恐懼、安全和信任、對自我的認識、認

可、自我貶低或遭受別人貶低等感受。活動中，這些問題可能會在不經意間出現，雖然對於其中牽涉的個人來說，這與體驗活動無關，但當問題出現在體驗活動這一背景中時，就會被捲入討論的過程中來。

很多引導者對討論的擔憂與處理個人內心問題有關。引導者會害怕不可預知的事情，會擔心提及並處理棘手的問題，或者引導者也會覺得自己本身根本無法安全而妥善地解決問題。

在討論的時候，重要的是要意識到：這些問題很可能存在，而且它們會在體驗中出現，因為我們鼓勵人們交流情緒。作為引導者，你應該知道自己的能力和界限，要引導大家進行安全而有效的討論，你並不需要成為一位心理諮商顧問或專家。你只需有足夠的常識，了解什麼時候問題會超出你的能力，在什麼地方如何做才能為某個人提供其他的幫助。

⑤ 引導討論的結構

正如體驗式培訓中的活動需要安排一定的順序一樣，引導討論也需要一個對大家都有用的結構。剛開始與團隊溝通時可以簡單而重點突出，創造一個允許大家相互交流的氛圍。

隨著探討的逐漸深入，把討論的範圍擴大些、提供一些機會讓大家討論更複雜的問題。雖然形式可以有所變化，但要保持簡潔。每次集中關注一到兩個話題可以保持條理清晰、理解透澈。如果想在一次討論過程中就試圖解決所有問題，人們就會覺得困惑、迷茫、毫無頭緒，並對整個過程會慢慢失去興趣。

3W、ORID 焦點討論法、4F 等工具都能為引導討論提供較為有效的討論結構，這部分內容將會在本章中逐一說明。

6. 引導討論的結尾

討論需要有一個良好的結尾，要問：「在我們繼續活動之前，有沒有什麼尚未提到的？」這是一個確保沒落下什麼的技巧。

結束一次引導討論並不意味著解決所有的問題。有時一個團隊或個人會需要多種活動累積出來的經驗來解決一個問題。有效地結束一次引導討論，意味著團隊的每個人都做好了繼續交流別的話題的準備，參與者也願意繼續進行別的體驗。

引導者要記住：結束並不總意味著解決問題，但結尾帶來的應是一個安全而令人接受的結局。同時讓人們明白：一件事情可以在以後恰當時被重新加以分析的。

▌提問，引導討論的重要技能

在體驗式培訓課程中，關於引導討論部分，比較直觀的是引導者提問的行為，引導者很多時候都是透過提問與學員進行互動的。我們為何要在引導討論中提問？提問的價值何在？

回顧一下學習發展的歷程，有心的夥伴會發現，近些年來基於提問行為而發揮作用的體驗學習、引導技術、教練技術、行動學習法等學習技術真是炙手可熱，這足以說明提問具有巨大的威力，而如何利用提問這種行為來提升學習的效果，則是一位優秀的引導者最為重要的技能之一。引導者必須要學習提問的技巧，並以提問的方式進行溝通、思考、研討和帶領活動。

我們先來看看先賢們對教育與學習的理解，看看提問對於教育與學習的價值。東方人的智慧中並沒有特別明確地提到「教育」的字眼，最為接近的提法可能是「做學問」，「學問」從字面上理解就是「學會問問題」。西方先賢蘇格拉底曾提到「智慧意味著自知無知」、「最有效的教育方法不是告訴他人答案，而是向他人提問」、「問題是接生婆，它能幫助新思想的誕生」。所以，無論是東方的「做學問」，還是西方對「教育」的理解，都談到了提問，足以證明提問在教育與

學習方面的重要性。我們試想一下，當樹上的蘋果掉下來，剛好砸到了牛頓的腦袋，如果牛頓當時不去思考，自己沒有提出了一個問題：「為什麼蘋果會掉下來？」那「萬有引力」猜想也不會被發現吧！

1. 提問是促進個體學習、團隊學習和組織學習的基礎

提問，無論是你自己對自己的提問，還是向別人提問，每一個提問都是一個潛在的學習機會。事實上，深刻且顯著的學習效果只會來源於人自己的反思與內省。但是，如果沒有提問，人就不可能有反思，無論所提出的問題是來自內在 —— 你對自己的提問，還是來自外在 —— 他人對自己的提問。所以，提倡提問也就是鼓勵學習！

許多對學習行為的研究顯示，提問的行為本身會對人的大腦產生刺激。我們隨便找個主題，只要把它轉化成一個問題，效果就會很不一樣。例如，「溝通探討能幫助我們學習。」這句話如果變成問題：「溝通探討如何幫助我們學習？」你會驚奇地發現，自己能夠從中學到很多！

2. 提問與好奇心

好奇心是怎麼來的？想像一下，作為父母，你的孩子通常是怎麼與你互動的？再想像一下，你小時候與父母互動

時，最為常見的交流方式是什麼？孩子們最為常見的表達方
式是問：「這是什麼？」所以好奇心是透過不斷的提問表現
出來的。有科學研究顯示，人在 2 至 5 歲會問 40,000 多個的
問題，在 4 歲時達到最高峰，平均每天要問 300 多個問題。
所以想要學習有效，是需要有足夠的好奇心和提問的。透過
提問，我們將好奇心轉化為實際的行為，進而這些問題也就
成為各種類型學習行為的基礎，無論什麼樣的學習方式。特
別是提出有挑戰性的問題，更會引起大家的思考與學習。

3. 提問與自我覺察

人開始有意識地學習時，通常都是從自我覺察（或者叫
自我反思）開始的。有趣的是，好像大多數人並沒有意識到
人會在內心向自己提問，即使這些自我覺察無形中影響了我
們的思維、感受、行為和結果。大多數人並沒有意識到內心
的提問對自己的思維方式有多重要，而且這種提問每時每刻
都在進行。

透過提問，可以讓人自我覺察，能夠使人更好地了解自
己，讓人更深刻地理解自己為什麼要做這些事情，為什麼不
做那些事情。例如，「你們對自己的成績滿意嗎，為什麼滿
意？」這樣的問題，能幫助人了解他在當下的行為結果，對
自己產生的意義。「你們剛剛活動一直進行到最後一分鐘，

為什麼都不放棄呢？」能幫助人對事情進行價值方面的判斷。「能說說你之所以覺得溝通有問題的原因是什麼嗎？」這樣的問題能幫助人了解自己的想法與觀念。透過提問讓人自我覺察，可以使人更加坦誠，更加真實，更願意表露自己的情感。

④ 提問與傾聽

習慣於提問與被提問的人，傾聽能力會更強，能夠更容易領會他人的觀點與想法。這樣的引導者，能夠更為融洽地與不同的學習者進行溝通與相處。

擅長提問的引導者會很少去控制和監督學員，會營造更為開放、靈活的學習氛圍，從而讓學習者對學習本身擁有更多的自主性，培養人的責任意識與自信心。而且，提問本身也迫使引導者去傾聽，學員會覺得這樣的引導者更善解人意，也就更願意表達、相互傾聽並用心去領會。

⑤ 提問與引導者的自我成長

提問不但能幫助引導者更多地關注學員的學習與發展，還可以提升自己培養他人與自己的能力。在透過提問幫助他人學習的過程中，引導者自己也會更為專注，展現出極大的學習熱情，幫助自己加強自我覺察，更好地傾聽，與學員溝

通，增強自信心，對學員的個體動機與行為會有更強的理解力。

只有不斷地提出問題，引導者才能清楚地了解真正的自己，才會更為開放、坦誠、真實地面對學員，做到以身作則。這比任何什麼培訓技能都更有影響力！作為引導者，我們不需要萬事皆知，因為只有自知無知，你才開始具有智慧，才會真正地開始學習。面對挑戰，享受提問！

提問的困難之處

有趣的是，既然提問對學習的價值如此之大，為什麼我們平常很少提問？事實上，提問並提出好的問題，並不是一件容易的事情。為什麼呢？

我們的體驗活動中，有一個叫「雪花片片」的活動。它的活動規則是：「每個人一張紙，請大家閉上眼睛進行，在四五分鐘的時間裡，大家要跟上指令，而且指令會越來越快、越來越難，一會兒要看大家的完成情況。開始，請大家閉上眼睛，請將紙對摺、再對摺，在左上角撕下一個……」我相信許多人都做過這個活動，有趣的是活動結束後的引導部分，我常常會問：「為什麼大家會撕成這樣子？不是我一

個人下指令嗎，怎麼會大多數人都不一樣？是什麼原因造成的呢？你是什麼時候知道結果會是這樣子的呢？那你當時為什麼不問呢？」探討到這裡，學員會反思：這裡面有引導者的問題，同時也有自身的問題，他們會反思自己為什麼當時沒有問。探討的內容有很多，比如：「自以為就是這樣做」、「問了一句沒人回應就不問了」、「其他人都不問，自己也就不問了」、「反正出了問題也不是我的問題」等等。我用這個遊戲的例子是想說明，為什麼我們生活或工作中不問問題？提問的困難之處？基於這些年自己的教學經驗，我把幾個主要原因做了一下歸納，供各位參考。

❶ 出於自我保護的本能

　　我始終認為，作為一個體驗式培訓的引導者，在教學過程中，所面臨的最大的挑戰並不是自己表達得多精闢，說得多麼震撼人心，活動做得要有多好，教學現場有多熱烈，其實最大的挑戰是要接受你在大多數情況下並不知道什麼是正確的、什麼是好的這一事實，也就是接受我們自身的無知。這個事實接受起來很難，因為在教學或者培訓中，作為教學者，我們好像已經習慣於掌握問題的正確答案，因此很難改變這種直接給出答案的習慣。

　　我們想要維護自己的形象，以及自己在他人眼中的形

象，我們也想保護自己，避免出現害怕、擔心甚至恐懼等不良情緒。如果做出向別人請教問題的行為，好像就會將自己暴露在前面所說的風險面前。

但是，你還記得你小時候嗎？好像並不是這樣。回想一下，或者去問問家裡有 5 歲以下孩子的父母，看看這個年齡層的孩子通常是怎麼與他們互動的？沒錯，是問問題！我們其實從小就會提問並常常提問，問問題其實是我們人類的一種自然屬性。

然而不幸的是，隨著年齡的增長，我們的父母、老師、長輩和老闆都直接或間接，不管是有意還是無意地在告誡我們不要問問題。他們不但告誡我們不要問問題，而且如果我們問了不合時宜的問題或者所謂不正確的問題，往往還會受到嘲笑和奚落，久而久之，人就會形成一個觀念，就是聰明的人或者高明的人是不需要提問的，因為這樣的人都知道答案。不提問，就不會被他人認為不夠聰明或者愚蠢，這樣就保護了自己。

❷ 問了會得到不想要的回答

提問不容易的另一個原因是，我們擔心提出了問題，會得不到我們想要的回答。例如，在體驗活動後的引導反思中，你提問後很可能會聽到學員說：「這個活動不可能完

成，這個任務太難了」、「你剛剛任務沒交代清楚，你前面規則沒講清楚」、「你沒有發現及時糾正，這不是我們的問題」等回答，意思是，你作為引導者導致他們任務無法完成，或者說是任務本身或規則導致了目前的問題等。學習中，任何問題的提出都有它的目的，引導者在提出問題時，自己內心都會有自己的觀點或想法。如果學員的回答不是你所想的答案，對引導者自身是比較大的挑戰，有些引導者非常擔心這種狀況出現後現場不知道如何處理，也就不提問了。引導者提出問題在傾聽別人的觀點後，有時候是需要適時放棄自己持有的觀點的，這往往需要很大的勇氣。

③ 我們自以為是

有些時候，不是我們不提問，而是我們覺得沒有問題可以提出或者沒有其他問題。在與人互動中，每個人都有自己在思維和溝通中存在的假設與觀念，這些假設或觀念不是短時間內形成的，而是在人的經歷中日積月累形成的，人們也透過這些來認知事物。引導者在自身成長經歷中，常常會帶領不同的人或團隊去體驗同一個活動。時間久了，自然比較容易對每一個活動中所產生的現象與問題形成固有的看法。你覺得你已經帶過十遍、百遍甚至千遍了，早已了然於胸，殊不知，這是引導者的大忌。如果你想提出有價值的問題，

就需要放下自己的觀點，真正用心去聆聽、觀察，你會發現，就算是同樣一個活動，不同的人會有許多不一樣的現象或問題出現，就算結果一樣，但過程一定會有不一樣！

❹ 我們太著急了

組織在達成績效的過程中，總是要求要高效率、要越來越快，對學習好像也是一樣。學知識、做訓練，總是希望能馬上表現到行為上，這好像成了習以為常的事情。所以我們就不斷地鑽研如何更快速地轉化知識、改變行為。引導者也好像受到這樣的觀念、外部的環境所影響，之所以不容易提問，是因為我們可能太直接、太過著急，總是想盡快解決問題。想快，就會有直接表達觀點的巨大衝動，特別是當引導者看到學員在當下互動中問題特別明顯，但學員自身並沒有發現或者不願面對的時候。但是不要忘了，良好的學習往往來自於對自我的反思！於是有些教學者的做法正好相反，他會給對方很多很大的壓力，或者給予更多類似於「咖啡因作用」一樣的熱情或者煽動，又或者給更多的資訊、知識等，這樣的做法其實會使學員的大腦產生混亂，以至於聽不到自己內心的問題，又如何進行反思呢？要想提出問題，至少引導者不能太過急切，有時候還需要多問幾句，你才能促使對方反思，才能有所學習。引導者要想別太著急，還需要明白

「永遠都不要有所謂的正確答案，只會存在事實、觀點和看法」，做到以學習者為主，傾聽大家的想法，引導大家交流與分享。想像一下，如果你不提出問題，怎麼能真正明白事情是如何發生的呢？

❺ 缺乏提問的技巧

我們天生就具備提問的能力，當我們小時候，我們就會向父母以及周圍的人問很多問題。這樣的問題通常是：「這是什麼？為什麼？在哪裡？」直到父母開始告訴我們：「不要問那麼多問題！」我們還是小孩子的時候就從周圍的人，包括老師、更大些的孩子、長輩等那裡聽到這些告誡。再後來，我們就不再提問，也慢慢喪失了這一重要的技能，這真是一個非常不幸的事實！

就算你小時候沒有受到上面的負面影響，長大了好像還是不太會提問。這個原因其實也很簡單，因為我們太缺乏實踐。我們可能花費了很多時間在學校裡學習語文、數學、歷史、物理，又或者在工作中學習管理、領導、社會人際、問題解決等，卻從來沒有學過如何提問。關於如何提問，從來沒有在我們的課程裡、考試卷或者工作的績效考核裡出現，我們也從來沒有得到過關於自身提問品質的回饋。

這樣的事實導致，我們提出了問題，卻往往導致對方的

205

防衛心理。例如，提出「活動中為什麼大家溝通得不好」這樣的問題，招來的回應好像是我們在指責大家；我們提問了，可是卻缺乏提問的技巧，使我們提出來的問題有偏限、過於簡單、直接、無效等。提問既然有巨大的威力，那我們就必須具備提問的技巧！

　　以上 5 點只是比較顯而易見地影響我們提問行為的因素，不代表全部。在當今變化如此迅速的時代，我們的教學受到了前所未有的挑戰，我們需要讓學習者在短時間內學習到更多的知識，掌握更多的技能。而老師或者培訓師所掌握的知識，很可能學生只需要上網查一下就都能知道，如果還是以「告知什麼是正確答案」為主的教學方式進行教學，如何能讓學習者反思？又如何能讓學習者進行有效的學習呢？這是教育者面臨的挑戰！

　　作為引導者，當你習慣於提問，並知道應該問什麼問題，就能夠有效引導對方進行回應並認真傾聽那些回答的話語，提問就會成為我們提升學習能力的有效工具，變成幫助對方學習的有力武器！

▌提問式思考

有過親身體驗的朋友都會感覺到，提問能給學習帶來意想不到的效果！但是，提問也並不是一件容易的事情，如果提出了不合時宜的問題，也會讓人失去學習的機會。

提問是一門藝術。提問的行為本身沒有對錯、優劣之分，它並不像自然科學那樣，一是一，或者二就是二，它沒有唯一正確的方式。甚至就算是相同的問題，放在不同的情境或者面對不同的人，也會有不一樣的結果。提問是沒有標準的，沒有規定哪個時間點一定要提出什麼樣問題。而且，相同的提問，由不同的引導者使用時，也會有不一樣的結果。

引導者提問時的態度、思維模式、語速、時機、情境、內容等都會影響提問的效果。在合適的時機，以合適的方式，向合適的人，提出適合的問題，是一件相當不容易的事情！所以，只有當提問的科學與藝術完美地結合時，你所提出的問題才會變得相當出彩！

然而，如何才能做到呢？如何才能快速掌握提問的科學與藝術呢？你很可能需要從思維模式的轉變開始。

1. 提問式思維

美國提問式思維專家梅若李・亞當斯（Marilee Adams）曾說過，我們的思維模式決定了我們如何看待這個世界，它同時也決定了我們對自身的侷限性和潛力的認知。

如圖 5-1 所示，當你看到一個事實時，那只是呈現出來的結果。之所以有這個結果，背後又與人的行為和思維密不可分。例如，星期一早上你準時來到公司上班，你穿著一身正裝。我們來看看，你穿著一身正裝，這就是一個結果。而之所以有這個結果，是因為你會有一個穿衣的行為。那你為什麼會穿著正裝呢？是因為你在內心有了一個選擇或決定。那你為什麼選擇或決定穿正裝呢？很可能是因為你給自己提了一個問題：「今天穿什麼？」

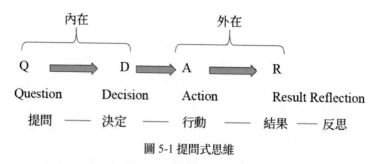

圖 5-1 提問式思維

從這個簡單的例子可以看出，其實我們每個人每天都在對自己提問，只不過有一些你能意識到，有一些是你沒有意識到的。想像一下，只有對自己提出好的問題，才會有好的

選擇或決定，有了一個好的選擇或決定，就會有一個好的行
為，最後結果也很可能就會好。這也是提問的威力如此之大
的根本原因，這就是提問式思維！引導者只有對自己提出了
好的問題，才能對他人提出好的問題！

　　所以，思維模式決定了我們的行為和與他人互動的方式與
品質，並且直接或間接地影響著我們所關注的事物。它還決定
了我們向自己和他人所提出問題的類型。此外，我們個人的思
維模式還決定了自己是如何觀察、理解、接受自己與他人的。

❷ 我們的思維模式：你是學習者還是評判者

　　亞當斯博士提到人可能具有兩種思維模式：學習者與評
判者思維模式。在學習者思維模式下，提問者尋求對生活環
境做出積極的回應。當我們專注於學習時，我們會想辦法了
解過去，從而指導我們未來的行動。具有學習者思維模式的
人一般都比較樂觀，能夠設想多種可能性、想像充滿希望的
未來和擁有豐富的資源。

　　相反，評判者思維模式是被動消極的。具有這種思維模
式的人關注的是過去，但這種對過去的關注並不是為了學
習，而是為了讚揚或批評某人或某事，尤其是後者！當我們
專注於評判的時候，我們更多的是擔心出現問題後的責任由
誰來承擔，而不是和他人合作尋求問題的解決方案。具有評
判者思維模式的人會帶來一種非贏即輸的結果，因為評判者

採取的往往是一種非黑即白的行為模式，並且還堅信自己已經知道了問題的答案。我將兩種思維模式的特徵羅列為表5-1、表5-2，供各位參考。

（具體關於學習者與評判思維模式的詳細說明，請參閱《改變提問，改變人生》一書）

表 5-1 學習者與評判者思維模式對比

評判者思維模式	學習者思維模式
（對人和事）帶有批判的觀點	（對人和事）採取隨時接受的態度
被動，沒想法	主動負責，有思想
自稱萬事通，自以為是	承認自己不知道
以不想承擔責任為出發點	以願意承擔責任為出發點
只是從自己的角度去評判	觀點多元化
不靈活、頑固不化、總是需要確定的狀況	靈活多變，能接受不確定
有「不是這個就是那個」的想法	有「可以是這個也可以是那個」的想法
以防衛為前提	以問題為前提
錯誤不可容忍	錯誤是學習的機會
缺少假設	有足夠多的假設
思想保守	思想開放
主要的情緒：防衛性的	主要情緒：好奇的

表 5-2 評判者與學習者思維模式下所形成的人與人之間的關系

評判者形成的關係	學習者形成的關係
勝負關係	雙贏關係
輕視他人，甚至貶損他人人格	有辨別能力，願意接受他人
確定各人位置的談話	合作性的談話
與他人／自己遠離	與他人／自己連繫起來
害怕不同	珍惜不同
拒絕反饋	覺得反饋有價值
毀滅性的衝突	建設性的衝突
評判者傾聽：這人和他的觀點有什麼問題？同意或不同意	學習者傾聽：關於他人或觀點的事實與價值
追求共計或者保護自己	追求尊質，解決和創造

　　寫到這裡，請各位思考一下，我們人是不是只有一種思維模式？以我的經驗，評判者思維模式通常是人下意識的反應，就像外界給了你一下刺激，你馬上會有一個反應一樣；而學習者思維模式通常是你深思熟慮後的反應，這兩者有本質的區別。有趣的是，我們每個人都有兩種思維模式，而且總會有兩種。然而，我們有能力在任何時候選擇處於哪一種模式。為什麼呢？因為我們有選擇的自由！人在刺激與反應之間是有選擇的自由的，這是人本主義的核心理念，也充分展現了人的價值。

3. 如何選擇學習者思維模式：ABCC 選擇法

作為引導者你要提問且提出好的問題，就必須要有學習者思維模式。但是，人有且總有學習者與評判者兩種思維模式，而且，評判者思維還是下意識的反應，時常會自動跳出來，讓人「防不勝防」。經過實踐，有一個經驗可以分享給大家，那就是如何將評判者轉換成學習者思維模式。以下是 ABCC 選擇法。

（1）A（Aware）覺察。

「沒有反思的學習，就不是學習。」這是教育者們公認的對學習的理解。要想反思，就需要調動自己的自我意識，覺察自己當下的狀態。要向自己詢問：「我現在是處於評判者狀態嗎？這麼做有用嗎？」向自己提問，讓自我在當下產生覺察。

（2）B（Breathe）深呼吸。

我們都會有下意識的反應，無論是人或者動物受到刺激後都會有下意識的反應。這種下意識的反應並非不好，要知道，我們人類在生存發展的歷程中之所以能存活下來，這種下意識的反應有著極為重要的作用。舉個例子，人是有動物性的，動物在遇到危險後，通常會做出攻擊或逃跑的動作，這時身體的血液會向四肢流動。人也是一樣，當我們處於這種情境下時，由於血液向四肢流動，身體會處於高度緊張狀態，神經緊繃，大腦因為血液供應不足，思考也就變得不容易。所以需要深

呼吸，調節自己的生理狀態，問問自己：「我是不是需要停下來，退後一步，更客觀地來看這件事？」

（3）C（Curiosity）好奇。

這一步最不容易，「好奇」說起來容易，做起來難，難在成年人對每個事物都會有自己的觀點和假設，要放下這些假設，用好奇的眼光對看待所發生的事物，相當不易！有一個辦法，讓自己也變得有趣、好玩還要會玩，這可能不失為一種有效的做法。實踐經驗證明，這種有趣好玩的個性特徵與會玩的技能是可以培養的。再問問自己：「我是否了解所有的事實？到底發生了什麼？什麼對我及他人來說是有效的？」

（4）C（Choose）選擇。

經過前面三個步驟，到這一步就是自己選擇或決定了，最後問問自己：「我的選擇是什麼？接下來要做什麼？」

引導者透過有意識地選擇學習者思維模式，就會更能接受新的、多樣的可能性，就會提出更有效的問題。當參與者們感受到引導者的這種態度，感受到引導者是真的想了解訊息、傾聽大家的觀點時，他們回答問題的就會更加坦誠，思考也會更為深入；訊息的分享、觀點的碰撞就會更充分，成員彼此之間的溝通、信任、問題解決以及團隊合作也會得到更大的強化！

梅若李・亞當斯所說的：「改變提問，改變人生。」並非虛言！

▌提問的技巧

作為提問這一行為的受益者，我有一個親身經歷與大家
分享。我的老師對我的提問總是讓我受益匪淺，但他從來沒
有教授過我提問的技巧。我也問過他如何提升提問的技巧，
而他的回答永遠是：「你覺得呢？」最後我悟出個道理，
那就是「當你能提出一個問題時，其實問題就解決了一半
了」。提問的行為首先是一種日常生活中的行為，不是一定
要在某些特定場合，如教學或教練中才會使用。你能在生活
中運用自如了，自然也就靈活掌握了。然而，提問是藝術，
也是技巧，如何快速掌握提問這一技巧，還是有章可循的。
我結合自己的成長經歷、這些年的授課經驗以及產業前輩們
的教誨，與大家探討一下有關提問的技巧。

❶ 提問的時機

什麼時候該提問？這本身就是個好問題！掌握提問的理
想時機絕對是一門藝術。想想看，如果你問題提得過早，作
為被提問者，就可能由於缺乏足夠的訊息以及反思時間不
夠，從而給不出什麼有價值的回答與覺察；但如果問題提得
太晚，你也很可能讓對方失去了一次學習的機會，甚至會讓
對方有一種挫敗感，因為對方可能因為你太晚介入，而感覺

沒有得到你的幫助與支持。既然提問是一門藝術,自然就沒有唯一正確的答案。如果一定要給個答案,至少有一個原則可以遵循,就是發現有產生學習的機會時,就是可以提問的時機。掌握提問時機需要提問者不斷實踐、總結經驗。

2. 如何構思問題

構思問題不僅包括問題的措辭,也需要考慮對方的接受程度、事件的背景、周圍的環境等因素。我們要構思好的問題,就要將提問作為學習過程的重要組成部分,而不是進行評判的一部分。提問是為了學習,要確保所構思的問題可以帶來正面結果。相反,如果你抱著批判或者評判的態度,即使在提問之前進行再多的鋪墊、使用再絢麗的措辭,也不能消除你的態度與觀念所傳遞出來的訊息。更何況,就算你抱著真誠的態度,也會有很多舊的甚至不良的習慣難以改掉。因為我們很容易把自己的觀點、個人喜好、偏見融入我們所提出的問題中。所以,我們在提出問題之前,最好能站在對方的角度將問題在腦海中進行預演,以確定這個問題的措辭是否真的能造成積極作用。如果你不確定提出的問題是否合適,可以很真誠地向對方坦白。如你可以問:「我很冒昧地問一下⋯⋯我不確定⋯⋯我不知道如何問這個問題,但是⋯⋯」這種方式可以緩和提出一個讓對方為難的問題而引

起的對方的牴觸情緒。

　　總之，構思問題首先是要幫助對方理解現況，以及現況存在的原因，無論這個現狀是正面的還是負面的。因為，基於正面的現狀的提問，如「我們還可以做得更好的是什麼」、「我們之所以達到這麼高的績效的原因是什麼」等問題，是能夠幫助對方了解自身的潛能，並提煉出好的經驗，以獲得更大的收益；而基於負面狀況的提問，如「大家覺得導致目前這個成績的原因是什麼」、「我們忽視了什麼因素嗎」、「如果再來一次，有哪些方面需要注意的」等問題，是能夠幫助對方辨識和分析將來要避免的情況，以確保負面情況不再發生。

3. 問題的類型

　　關於問題的類型有很多種分法，比較簡單的分類就是開放式與封閉式問題。開放式問題為回答問題的對方提供了足夠的自由發揮的空間；封閉式問題是尋求簡短而明確的回答。然而，在使用過程中，我們會發現把問題分成這兩類的做法過於簡單，畢竟你在提問時有許多目的，有的是為了確認對方的想法，有的是希望對方能進一步說明，有的是想看看對方所持觀點背後的想法，有的是希望讓對方突破思維等，於是我們可以將問題分為以下七大類。

1. 澄清型問題。目的是要確認理解，讓對方確認你所理解的內容是否與對方所說的一致或不同，如「聽起來你說的是……對嗎？」、「你剛剛所說的意思是……是嗎？」

2. 探究型問題。目的是挑戰或者探究，認為對方的說法與自己的理解不同、不正確，或者需要對方額外進行解釋說明，如「為什麼你覺得這個重要？」但通常以「Why」開頭的問句都會讓被問者感覺不太舒服，甚至會生出牴觸情緒，所以可以嘗試把「Why」改成「What」問句，如剛才那句可以改成：「這個原因如此重要是因為……？」

3. 反思型問題。目的是要引發進一步的思考，也就是你認為目前的對話不夠深入時，如「……的背後會是什麼呢？」、「你為什麼……？」反思型問題與探究型問題的問句形式有些相似，常會用到「為什麼」，但各自問的目的是不同的，反思型問題是為了引發對方的反思，而探究型問題是為了挑戰對方的觀點。

4. 度量型問題。目的是把抽象的具體化，便於彼此交流與討論。有些討論的內容會比較抽象，或者大家對話不同步時可以考慮，如「如果用 1 至 10 分表示團隊的狀態，1 分最糟糕，10 分最好，你現在的感受是幾分？」

5. 學習型問題。目的是鼓勵認可，而非批判評論，需要作

為回應或回饋時使用，這類問題在學習中會經常使用到，如「你做得好的地方有哪些？還可以更好的地方有哪些呢？」

6. 水晶球型問題。目的是探索新的可能或需要突破思維，當思考受到限制無法突破時使用，如「假如不考慮任何資源約束，你會怎麼做？」

7. 引發／促發型問題。目的是對方思維深度不夠，思考不夠全面時，需要激發大家進一步思考時使用。如「除了剛剛提到的溝通有問題，還有什麼問題呢？」、「剛剛談到了團隊合作、溝通等，請問我們在共同解決問題方面做得如何呢？」

❹ 提問的結構／步驟

有了前面幾篇文章所提到的提問「心法」，以及上面所說這些提問的類型，要想修練提問功夫，還得像下圍棋的人要學會打譜、練劍的人要有劍譜一樣，練習提問還得有提問的「招式」，提問要有結構或步驟，要做到有章可循。

提問的結構有很多種，我們只在這裡介紹最為常用的兩種：「3W 引導問句」與「ORID 焦點討論法」。

（1）3W 提問結構：What ／ So What ／ Now What（以下簡稱「3W」）。

What？——怎麼了？對現在發生的事情的提問。So What？——所以呢？對過往經歷的提問。Now What？——然後呢？對未來的可能提問。就這樣一個簡單的結構為何會對體驗學習產生如此大的影響呢？

一件事物要進行研究，總要找到其源頭才能看得比較清楚。對於「3W」的提問結構的來源確有許多種說法。有一種說法是 3W 源自「完形治療法」，值得研究。完形治療法（Gestalt Therapy）由美國精神病學專家皮爾斯（Fritz Perls）博士創立，又稱為格式塔療法，是自己對自己的覺察、體會和醒悟，是一種修身養性的自我治療方法。理論要點有 3 點。

1. 人都有能力處理好自己的事情，我們的核心任務是幫助對方充分認知到自我在現實中的存在和感受。

2. 人應該將精神集中在當前的生活與感受中，而不要對過去的事情念念不忘，人的許多焦慮就是產生於不能正確對待以往生活向當前生活的過渡。

3. 使人積極面對生活。健康成長的一個重要手段，就是幫助我們完成內心中的那些未完成情結，這通常是指個人因以往生活中的某些心靈創傷和刺激經歷所留下的不良情緒體驗。

我們可以看到，完形治療法的基本目標在於達到察覺的狀態，以及經由察覺而獲得更多的選擇，及肩負更多的責

任。察覺包括了解環境、了解自己、接納自己,以及能與他人接觸。所以,你會發現覺察能力的提升與豐富化,本身被認為具有療效。3W 是實現完形治療的方法,這與我們「沒有反思的學習就不是學習,要學習就需要反思,要反思,第一步就是要學會覺察」的理念不謀而合。可以說 3W 的方法是在這兩個不同領域的運用。

我們再來看圖 5-2,1984 年 Kolb 先生集杜威、皮亞傑、勒溫(Kurt Lewin)等人對於教育與學習的理解並發展出了經驗學習理論,其實這個經驗學習循環也是我們做引導反思的步驟。

3W 提問結構可以遵循一個既簡單又有效的問答流程。

1. 發生了什麼問題?
2. 這個問題曾經發生過嗎?
3. 你滿意這種結果嗎?為什麼?
4. 在工作上有沒有類似的問題?情況相同嗎?
5. 這個活動讓你對自己有什麼樣的認識?
6. 對於接下來的活動或是你的工作,想要改進的地方有哪些?

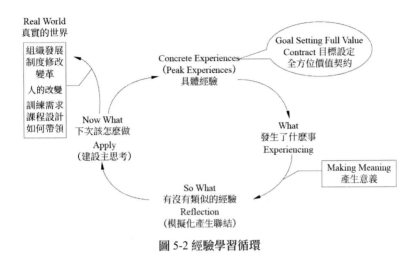

圖 5-2 經驗學習循環

　　另外，在練習或運用 3W 提問結構時，也不要一味地侷限於要先問「What」或者後問「So What」這樣的步驟，要懂得靈活運用。記住，提問時機所遵循的是發現有學習的機會這樣的原則，如表 5-3 至表 5-5。

表 5-3 引導討論中提問的要點

提問要點	問句示例
提出開放式的問句	你覺得怎麼樣？有何感想？這樣的體驗好不好？
注重學員的感覺	你有什麼感覺？大家現在有什麼感覺？（用一句話來形容）
重述他們的感覺	「你們一定覺得鬆了一口氣」等等
引出學習重點	我們可以從當中學到什麼？
測試觀察反應度	其他人有什麼感覺？

適當的自我透露	我不明白，其他人明白嗎？
要求團隊提出總結	我們達成了哪些目標？
課程回顧	我們大致上做到了這些……這樣夠嗎？應該加入些什麼？我錯過了什麼嗎？
注重對行為的觀察	他／她的哪些做法讓你有這種感覺？
更深入的探討	能不能多談一些？有什麼例子可做代表？
要求團隊提出自我診斷	這裡現在發生了什麼事？
診斷	大家是不是用搞笑的方式來迴避重點？

（每次只專注一個重點）持續地觀察學員在言語及非言語上的反應行為，注意是否有疑惑、無趣、氣憤等情形，留意正在談話中、書寫中及沒有書寫的學員。

表 5-4 引導討論中的「What」問句示例

焦點：回顧重要的活動經驗與過程
1. 活動過程中，讓各位印象最深刻的是什麼？
2. 各位的成績為什麼是這樣，剛剛發生了什麼？
3. 有這樣的成績，大家是怎麼辦到的？你們做了什麼？
4. 大家還看到什麼？大家還聽到什麼了？
5. 大家對剛剛的活動過程感覺如何？

焦點：回憶關鍵的事件
6. 現在讓我們來談一談「溝通」，有沒有人可以舉個例子，說明在剛剛的過程中你和其他人溝通是有效的？
7. 什麼時候大家的溝通不夠好？為什麼？
8. 你如何確認你的「溝通」是可以完全被理解的？
9. 還有誰記得剛剛發生的這件事？

焦點：在繼續往下探詢，先取得同意，如果 Yes 再繼續……
10. 剛剛過程中，針對各位的溝通。有沒有可以改善的空間？
11. 剛剛是不是所有的意見都被聽到了？有沒有任何人覺得自己的意見被忽略了？

焦點：定義該事件（經驗）對團體或學習目標的影響
12. 剛剛大家都回憶提到，活動中，有一部分意見被忽略，是這樣嗎？如果是，這對團隊的影響是什麼？
13. 不被傾聽，給你的感受或感覺是什麼？
14. 當別人的意見被忽略時，給你的感受是什麼？
15. 其他人也有相同的感覺嗎？還是有其他的感覺？

表 5-5 引導討論中的「So what」問句示例

焦點：總結學習要點
1. 剛剛我們討論「溝通」的議題，大家談到只是表達自己的看法卻未傾聽，對團隊以及對個人的影響，有誰可以分享你從中間所學的？
2. 剛剛的討論，讓你學到最重要的一件事是什麼？
3. 對你們這個團隊而言，那是什麼意思？
4. 對個人而言，那是什麼意思？意義是什麼？
5. 對團隊而言，剛剛的回顧討論，最重要的意義是什麼？
6. 經過這些討論，你對自己有哪些更多的認識？
7. 經過這些討論，對團隊有哪些更多的認識？
8. 你認為，在未來更迫切的需要是什麼？

焦點：與生活工作上的連繫
9. 謝謝大家剛剛的分享，我更好奇地想問：這些有沒有可能在實際的工作生活裡發生？
10. 你最近一次的經驗（工作或生活）是什麼？
11. 各位覺得剛剛這些想法，應該如何實踐在實際的工作生活中？
12. 這些想法，和實際生活工作中的情境之比較，差異是什麼？有多少是可以應用的？

表 5-6 引導討論中的「Now what」問句示例

承諾改變
1. 針對下一次挑戰（活動），你會有什麼不同的做法，來改善這樣的狀況？
2. 剛剛大家將上個活動所學到的做法運用在這個活動中，各位都相當肯定當時的表現，當各位回到工作崗位上，如何確認你會有不同的做法，試圖讓結果變得更好？
3. 回到工作生活中，應用這些想法時，會遇到什麼困難？你會怎麼做？
4. 你（團隊）需要掌握哪些因素或資源，才能帶來改變？
5. 回去後，你會做的第一件事是什麼？
6. 你（團隊）的計畫是什麼？
7. 怎麼做才會讓自己或團隊，不只是在這裡說說面已？而是真的能夠實踐你們的想法及策略？

（2）ORID 焦點討論法（以下簡稱「ORID」）

「ORID 方法」的源起，要從第二次世界大戰後說起，美軍中有一位叫約瑟夫・馬修（Joseph Mathews）的軍中牧師，戰後在大學任教時，一直在思考如何幫助那些參與戰爭的人們，將那些發生在他們生命中的事件進行有效的處理，從而尋找出更多的意義。他在一位藝術教授那裡得到了啟示，人們在體驗或經驗產生之後的對話能創造出意義（看得出，這位藝術教授採用的是體驗式教學方法），於是就有了這種方法的產生，目的是幫助人們進行更為有效的深度對話，以發現更多對自己有意義的價值。所以「ORID」是一種對話的方法，如圖 5-3 所示。

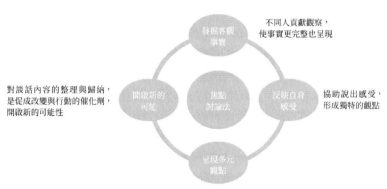

圖 5-3ORID 焦點討論法

「ORID」的結構有 4 個層次：客觀性、反應性、詮釋性與決定性。為什麼是這 4 個層次？

這跟人的自然認知過程是有著直接的關係。舉個簡單的例子，你在開車的時候，注意到前方路口紅綠燈的黃燈在閃爍（客觀性層次）。「不好！」你腦海裡很可能會有這個感覺（反應性層次）。你很快在心裡計算了一下時間，考慮自己在號誌變成紅色前穿越馬路的機率（詮釋性層次）。然後基於自己的計算，你踩下煞車，讓汽車停下（決定性層次）。這 4 個層次的反思方法依照的是人類的自然認知過程，這樣的內在過程，通常我們是不會覺察得到的。當人在反思事件或經驗時，腦海裡並非只是記錄一下數據就歸檔了事。人會去「思索」，是選擇接受還是放棄，還要決定如何使用這個資

訊。所以，在體驗學習過程中，我們可以透過這個所謂的內在過程，讓人們對當下的體驗或經驗進行反思，加強彼此間的對話，賦予意義，從而讓學習更為有效。

「ORID」提問結構也可以遵循一個簡單有效的問答流程：

①活動中讓你印象深的是什麼？（客觀性層面）

②讓你聯想到的過往經歷是什麼？（反應性層面）

③對你而言有什麼收穫？（詮釋性層面）

④接下來，你有什麼決定或行動？（決定性層面）

使用「ORID」提問結構時，要注意問句以簡潔有力為主，切勿太長，以免模糊了焦點；問句的使用原則並非一定要按照 O、R、I、D 一句一句地使用，可靈活運用，例如，O-R-O-R-I-D。反應性問句設計，要以「刺激同理心」的問句為原則；在詢問過程中，如對方的回應和你預期的落差太大，可能是這個問題不是對方內心的需要，不要繼續在這個問題上打轉，要學會轉換話題。

你可能會覺察到「3W」與「ORID」似乎有很相似的地方，我們在實際使用時，也會明顯地感覺到這兩種方法有極為相似之處，甚至有時也分不清到底用的是「3W」還是「ORID」，如表 5-7 所示。

表 5-7 「3W」和「ORID」兩種方法的對比

3W：What？So What？ Now What？ 怎麼了？所以呢？然後呢？ ORID 焦點討論法： Objective：客觀性 Reflective：反映性 Interpretive：詮釋性 Decisional：決定性	客觀性（What，發生了什麼？）：活動中發生了什麼？你記住了什麼？你注意到了什麼？你看到、聽到了什麼？ 反應性（So What，直覺反應）：那你的感覺是什麼？你感到驚奇的是什麼？讓你感覺意外的是什麼？什麼地方你比較喜歡？或不喜歡？讓你感到興奮的是什麼？為什麼？ 詮釋性（So What，所以呢？）這對你意味著什麼？這次活動為你帶來了什麼？對你有什麼啟發或學習？ 決定性（Now What，然後呢？）對於這些問題，我們能做些什麼？未來我們可以採取什麼行動向前邁進？

　　有心的讀者可以思考一下，這兩種方法產生時是否存在著先後順序或者相互借鑑？這樣的問題還是留給做學問研究的人去尋找吧。不管黑貓還是白貓，抓住老鼠的就是好貓，所以，不管用哪種招式或方法，能提出好的問題、使學習過程更為有效的方法就是好的方法！

　　其他提問的結構，可以參考表 5-8 所示內容：（圖表內容來自《SPOT 團隊引導》一書，作者：帕拉布・耐度（Pra-bu Naidu）、賴美雲）

表 5-8 其他提問結構

提問結構	問句示例
Highs & Lows 亮點與缺點	你認為剛剛活動中哪裡做得比較好？ 你認為剛剛活動中哪裡還可以做得更好
3Do：Do-Again，Do-Differently，Don't-Do 保持好的行為，改善意見與建議，停止的行為	你建議團隊互動中可以繼續保持的是什麼？ 你建議哪些方面可以改善？ 你建議應該停止的是什麼？
3-2-13- 有意思的，2- 應用，1- 行為	你從這次研討會收獲的：描述 3 個有意思的發現，2 個未來可應用和 1 個將會採取的行動
4R：Retain，Revise，Remove，Recommend 保留，修改，去掉，推薦增加	根據你在學習活動中體驗的： 你要保留什麼？ 你要改變什麼？ 你要去掉什麼？ 你建議我們增加什麼？

引導討論的訣竅

必須承認，引導者在開展體驗式培訓過程中，會遇到許多引導討論的難題。我們在與許多引導者交流時發現，大家或多或少地會提到以下這些問題：引導者在體驗學習的當時當下，如何追蹤一個話題？怎麼才能知道討論的焦點應該放在哪裡？怎麼才能知道什麼問題應該討論？如何在探討中找

出一個大家都願意探討的話題？

要解決以上所提到的難題，大家可以試試「捕魚」的技巧！而且，實踐證明這項技術對許多優秀的引導者相當有益！

想像一下，我們可以把引導討論看作一艘捕魚船，把引導者想像成漁夫，把大湖想像成整個團隊的經歷，把探討的問題當作要捕的魚，這樣作為引導者（漁夫）的你，任務就是找到湖中的一些問題，用「漁網」把它們拉出水面，以便整個團隊可以從中獲取知識，習得技能以及釐清價值觀。

1. 實用技巧

首先，實踐經驗告訴我們，引導討論一開始可以問一些讓人自由發揮的問題：「在這個活動中發生了什麼事？有什麼樣的感覺？是什麼使整個團隊成功？」開始的時候要廣泛撒魚餌，把魚餌撒出去並看看水面上有沒有出現「漣漪」。需要注意，在開始時請迴避問一些比較尖銳的問題，例如，「你們完成這個任務了嗎」、「你們溝通得好不好」。這樣的問題只會得到「是」或「不是」這類的回答，如果是這樣，那就很可能沒有下文了。

然後，如果你看到了一個「漣漪」，那就朝那個方向下網。這些小小的漣漪可能如同這樣的說法：「我們在活動中

合作得不夠」、「我對這個活動的結果不太滿意。」類似的言論表明對於那個說出此話的人來說，團隊的互動就不是那麼令人滿意，很可能這個問題就值得進一步探討。緊接著引導者可以再問一些問題來獲取其他的訊息 —— 這樣可能會引出更大的魚，比如團隊不允許一些人自由發表看法等。

假設有人說：「剛剛團隊活動中，我一直在說那樣不行，可是好多人說話的聲音都很大，導致我的意見沒有人願意聽。」這就是一條魚蹦出了水面。有一些引導者會聽見或看見魚跳並找尋牠的蹤跡，但也有一些引導者可能會錯過，朝另外一個方向去撒下漁網。因為，判斷那是不是魚，以及抓還是不抓，都在考驗引導者自身的修練，你如果要使引導討論行之有效，就需要做到探討過程中不加以評判、願意傾聽、敞開胸懷、容納別人的感受、表現出足夠的同理心、關注人們所說的和沒有說的，另外還要善於觀察，從人們的語言以及行為中尋找線索。請記住：多提問，少發言！

進行引導討論成功的關鍵就是要懂得解讀那些「漣漪」。如果暫時沒有看到什麼「漣漪」，請你保持鎮定，引導者一定要有足夠的耐心，很多時候「相信」往往能產生不小的力量，同時引導者也需要有技巧地把牠帶到水面上來。一個好的引導者是不會忽略或繞過一條條躍出水面的魚的。引導者需要時刻保持關注，當魚跳出來時，抓住牠！

　　但是，也有例外的情況，有些時候，我們不是什麼魚都能抓的。例如，引導者的漁網撒下去，結果意外地網到了一條大魚，經過判斷，你發現這條魚要拉起來，足以把自己的船壓沉，這個時候，我們很可能只能放掉這條魚，因為，我們的船無法承載這樣重量的大魚。再舉個更為直接的例子，引導者正帶著團隊開展有關於溝通的體驗活動，活動結束後，你詢問這個活動讓大家印象比較深的是什麼，大家是如何做的，成績是如何產生的，怎樣還可以更好等問題，接下來你很可能會詢問大家在工作中是否有可以借鑑活動經驗的地方。很意外的事情發生了，學員們，還不在少數，認為這個與他們的工作的情況完全不同。你繼續好奇地詢問下去，發現導致溝通不暢的問題並非是大家的溝通能力問題，而是他們的領導者經常「說話不算話」造成的。看上去這個話題是很重要的焦點，但是，無論是對於引導者，還是對於學員，探討這個話題都是一個極具挑戰性的事情，因為這個話題很可能在當下是無法處理的。引導者這時就需要有技巧地結束這個話題，放掉這條「大魚」，但畢竟是學員一起交流出來的話題，就算要結束或者放掉，也要對學員進行安撫，同時，可以思考接下來的活動安排是否可以處理這個話題，以及與發起方協商，是否可以調整培訓的主題等。

　　引導者需要了解，在引導討論過程中，所探討出的有些

問題，我們很可能解決不了。其中，有些問題已經超出了我們引導者自身的能力極限，這時，我們更需要真誠地承認自己的不足，只有這樣，才能讓學員更願意與引導者進行深入交流與探討，幫助大家更有效地學習。

②. 其他引導討論的方式

　　成功的引導討論要有各式各樣的結構。3W、3DO、4F、4R、ORID 都是很成熟的結構，但也要注意，沒有一個範例適用於任何場合的，就像沒有哪種活動或遊戲會適合所有的培訓需求一樣。提問以及引導討論是最常見的探討方式，但也有一些小的技巧可以拿來就用。

　　（1）歸納法 —— 要求參加者用一個詞或一句話來總結他們各自的經歷。要求每一個人在接著討論之前要傾聽所有的意見。一般來說，一個詞的評論比較容易讓大家開始溝通，而且它的訊息容量和長句子一樣大。

　　（2）手指法 —— 5 根手指表示滿意的結果，團隊合作的高水準，是任何被你評判為最好的東西。零根手指表示沒有完成什麼工作、沒有團隊的合作。手指的根數就是一個尺度 —— 可以是 3 根、4 根等，讓參加者透過手指的根數表達他們對活動的個人感受，然後再用一些可以看得見的線索開始討論為什麼人們會有諸如此類的感受。

（3）標題海報 —— 給大家一些海報紙，告訴他們，他們是一家大報社的編輯，需要寫出一個頭版上的標題來描述他們學習到的重要東西。這個技巧可用於總結一整天的活動。

（4）橡皮泥 —— 發一些橡皮泥或者其他可用於塑形的物品，讓大家創作一個可以代表他們經歷的東西。完成了之後，可以互相觀摩並討論其意義。

良好的引導討論可以轉變一次棘手的或令人不愉快的活動。允許人們反思和理解所發生的事情並從過程中尋找出價值，藝術性的啟發會使人愉悅地受益。個人和團隊都可以憑藉一次成功的引導討論而達到情緒、思維以及身體反應上的正向轉變。這是引導者用於教育的最有力武器。

如果說遊戲和樂趣是構築體驗活動的磚瓦，那麼引導討論這一技巧就是使這些磚瓦變成宏偉建築的精湛手藝，它會使每一位參加者都從中受益。

關於引導討論的祕訣，本章中包含了引導討論在體驗式培訓課程中的重要性、提問在引導討論中的價值、提問不容易的原因、提問式思維養成、提問的結構或步驟、問句的舉例以及開展引導討論的實用小技巧等內容。但是，引導討論的藝術肯定遠不止這些內容，甚至練習或實踐到一定程度，還需要學會放棄掉這些所謂的策略或技巧，達到無招勝有招

的境界。極為重要的是，我們需要懷著一顆真誠的心，理解對方的情感，而不是去評判、指責，用坦誠、不輕易判斷的態度傾聽對方的想法，你會發現你與對方的對話會顯得毫不費力，學習也會就這樣自然而然產生了！

第六章

引導失當行為

　　在許多體驗式培訓引導者的引導經驗中，大多數的引導過程會按照前面章節裡所寫到的方式開展。學員在活動中會產生經驗，透過引導反思，將寶貴的經驗轉化成學習的價值與意義，並應用到下一個活動或者運用到真實的世界中。在多數的培訓中，引導者都可以掌握自如，課程開展順利，學員熱情參與，營造出有利於學習的氣氛。

　　我們經常會把體驗式培訓比喻成一次遠航，學習的過程，就像是船駛離平靜的港灣，航向未知的大海，去探索與冒險，迎接挑戰。然而，並不是每一次的課程引導與學習的過程都會「一帆風順」，有些時候甚至還會面臨「驚濤駭浪」。引導者對學員的評估與觀察，以及介入學員交流探討有時會失去準心，導致學習經驗沒有得到很好的處理，又或者是學員在學習過程中，不配合、不參與甚至抗拒學習內容，都會讓培訓現場意外事情頻頻發生等等。這樣的情境是對引導者極大的挑戰。本章將描述多種失當行為產生的現象與原因，探討帶領學員走出學習困境的有效方法，包括當所有處理方式都失效時引導者該怎麼做。

▌了解失當行為

①. 將困難當作禮物

　　引導者在進行引導過程中會遇到許多的困難，有些困難是比較顯而易見的，如培訓場地空間太小、學員來到現場身體較為疲憊等，有一些困難隱藏在一些微小的行為中，不易察覺；還有些困難表現得更為明顯，甚至是直接的對立與衝突。學習過程中，有些困難可能是與引導者安排的學習活動與引導方式有著直接的關係；也有些困難與引導者本身無關。不管各式各樣的問題出現的原因是什麼，引導者都要避免抱怨，並嘗試把困難視為可以協助學習者獲得正面意義的機會，解決困難的過程也可以讓學員產生學習與成長。

　　引導者不能把學習過程中的困難當作挑戰，或者當成讓自己頭痛的難題，而要把困難當作幫助自己和學員成長的機會。無論學員在當下是有意地還是無意地造成困難的情境，引導者如果不以對立、反抗或者強勢控制的行為面對困難，而是以學員為重心，以學員的角度看待事情的發生，接受學員當下所發生的所有事情，並以鼓勵大家共同解決問題的方式提升學習的經歷來面對困難，那所創造出來的學習氛圍，將是一個開放、尊重、真誠的氛圍。學員在這樣的氛圍中將

能更輕鬆自如地學習，為創造更大的學習價值奠定堅實的基礎。所以，引導者要將困難視為禮物！

❷ 什麼是失當行為

在體驗式培訓過程中，所遇到的困難會有許多不同的類型，從學員不怎麼參與體驗活動，到沉默不語、私下議論，再到牴觸、拒絕、選擇離開，甚至可能出現言語攻擊、人身攻擊，這些都屬於失當行為的範疇。

需要注意的是，隨著失當行為程度不同，它對現場學習的干擾程度也不同。例如，一些較為輕微的失當行為，如在活動中接打電話、做其他的工作等；中等程度失當行為，如較少參與體驗活動、不悅的嘆息或者哈欠聲，可能會影響到現場的其他人，但又不會完全干擾學習活動；最極端的失當行為，如口頭攻擊和肢體攻擊等，將會對學習活動造成嚴重的影響，失當行為是對引導者是否足夠優秀最為直接的檢驗。

當然，好消息是，一般情況下學員們不會在走進培訓現場剛剛坐下來時，就開始對課程進行干擾。這樣的情況的發生通常是有一個慢慢漸進的過程，參與者會越來越不安，越來越感覺有壓力，越來越不耐煩等等。因此，作為引導者，我們必須了解失當行為的產生原因以及特徵，並利用評估工具、現場引導以及適時介入的行為去解決它。首先，我們需

要給失當行為下一個定義，並分析與解釋這樣的行為是如何發揮作用的。

所謂失當行為，是指參與者對學習活動的內容或目的、引導的過程，或者其他外部因素不自覺地表示不滿的任何表現。失當行為大多是一種表面現象，而不是根本原因。這個定義有三層含義。

（1）失當的是行為，而不是人。在體驗式培訓課程中，某個人可能在一個體驗活動中的行為上表現出積極配合，熱情參與，但在下一個活動中，同一個人的行為可能會出現失當的現象。事實上，從正向行為轉變為失當行為，很可能出現在同一場培訓中，而且也可能出現多次。

（2）失當行為可能是有意識的，也可能是無意識的。通常情況下，學員表現出失當行為時，自己並沒有意識到這種行為是失當的，是會引發困難的。但是有些情況，失當行為是為了故意帶來變化、打擾甚至直接挑戰引導者的。例如，在一些引導員訓練 TTT 的課程裡，學員當下就有可能故意表現出失當行為，現場挑戰課程引導者，以觀察引導者的反應與處理方式。

（3）失當行為是一種不滿的表現。失當行為所表示出的是對這次培訓安排的內容或者過程又或者某些外部因素的不滿。例如，公司培訓負責人所要求的培訓目標，是要提升團隊的凝聚力，結果在培訓現場進行引導反思時，學員對於這

一內容表現出不滿，並不認為需要這樣的培訓，這是對培訓內容的不滿。再舉個例子，學員可能是被迫來參加這樣的培訓課程，對他的工作或者生活造成了一定的影響，讓對方無法專心參與到學習中，這是因為外部因素造成的不滿。

其實，我們換一個角度來思考，你會發現失當行為正是參與者需要尋求幫助的訊號。事實上，這是參與者正在一旁發出訊息：「我不喜歡正在進行的活動，但是我不打算告訴你。」當然，參與者大多數情況下不會直接用口頭方式告訴引導者，但如果是參與者直接用語言表達出來，那這樣的失當行為就已經達到比較嚴重的程度了！所以，在失當行為達到嚴重狀態時，引導者早期的發覺，用更為溫和的方式進行解決，對引導而言非常重要。我們必須了解，失當行為只是一種表面現象，通常都是用來掩蓋真實問題的。根本原因大多來自前面所提到的問題：學習的內容、課程開展的方式，以及一些本身與培訓無關的外部因素等。

▌典型表現與處理方式

體驗式培訓引導者在培訓過程中都希望為學習者提供適當的學習經驗，但有些學員有時候會出現一些失當行為或問

題行為，處理這些情況對於引導者而言通常是一大挑戰。雖然學習者的失當行為各有各的不同，但在我們的實踐經驗裡，大多數的失當行為通常會具備一些彼此影響的要件。而要改變這些失當行為的方法之一，就是評估學習者在這些問題情況中的行為表現。下面根據行為失當的程度與所造成的干擾程度列舉一些比較典型的失當行為，多數行為都會比較符合以下一個或者多個類型，如圖 6-1 所示。

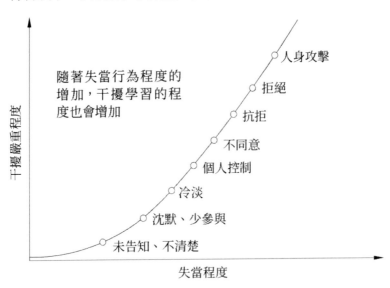

隨著失當行為程度的
增加，干擾學習的程
度也會增加

干擾嚴重程度

人身攻擊
拒絕
抗拒
不同意
個人控制
冷淡
沈默、少參與
未告知、不清楚

失當程度

（本圖參考《引導的祕訣》麥可‧威爾金森（Michael Wilkinson）著）圖
6-1 失當行為

　　處理所有的失當行為的第一個步驟，是運用團隊狀況評估工具 GRABBSS 進行現場評估，無論是對團隊、人與人

還是個人，進行這 7 個面向的觀察與評估，都可以成為引導者進行下一步處理策略的前提。你必須了解參與的團隊或個人的需求是什麼，這一點非常關鍵。對方的準備程度如何；能力極限在哪裡；面對接下來你要處理的方式，團隊與個人是否有能力接受得了；學員的情緒狀態如何，產生這樣的情緒的原因是什麼；學員行為表現為何，是如何造成的；是否體力不支，過於疲勞；現場環境是否有其他因素對學員有所影響等等，這些在培訓當下引導者對學員狀況的評估與判斷中，尤其重要。評估需要在極短的時間內完成，引導者要有豐富的經驗與敏感度，這需要在日常生活中不斷練習。當引導者完成評估後，就可以判斷出學員當下的失當行為特徵是屬於哪一類型或哪幾種類型，引導者只有清楚當下的狀況，才能確定下一步要走向哪裡。

1. 典型失當行為表現與處理策略

（1）未告知、不清楚。

學員很可能沒有被告知來到現場要做什麼，以及不清楚課程的內容是什麼。由於體驗式培訓的授課方式，目前還未得到普及，這種「做中學」的教學方法，很多人沒有經歷過，所以，引導者在開展課程時，經常會遇到這樣的情境，就是學員不知道培訓的內容，或者他們要如何開展學習。遇

到這樣的情況，首先可以邀請培訓組織，讓他們說明一下課程開展的由來以及學習目標和學習方式，但前提是對方能說得比較清楚；其次，如果沒有人幫助說明，那最好先問一下大家，請大家是否可以說明一下或者想像一下，接下來可能會發生什麼事。如果有清楚來龍去脈的團隊成員站出來進行確認或者向大家說明，則有助於不知情的學員對於培訓的了解，以及學習關鍵內容。如果大家都不知道，在課程開始前，引導者最好能做一下介紹，準備一些能活躍氣氛或者讓學員較為放鬆的語言，讓學員對接下來的學習多一些了解。

　　例如，可以先感謝大家的到來，並期待共同學習，然後再以詢問開始，加上適度的幽默講解。可以這樣說：「首先歡迎大家能來到現場參加這次的學習，相信大家都是積極主動報名來參加學習的，這樣說對嗎？」（因為大家並不清楚要來參加學習什麼，所以通常會不知所云，或者表示沉默），這個時候，引導者可以適時地自嘲一下：「請問大家是積極主動報名參加這次學習的嗎？不是嗎？是這樣呀，那這樣子會讓我比較尷尬噢？」（說到這裡，現場有些學員開始會有所放鬆，現場氛圍會轉向輕鬆）「你們不是自己親自走進教室，然後坐下來聽我說話的嗎，是嗎？」（適當等待一下大家的回答）「所以，這是一個積極的表現噢，那這樣我就不會那麼尷尬了。」這樣的適度自嘲，會讓現場的氛圍顯得輕

鬆一些，然後再說明一下此次學習的內容以及學習方式，就可以解決未被告知以及不清楚的問題了。

（2）沉默不語、少參與。

學員現場表示沉默不語的理由會有很多，像擔心、勉強或者害羞，都會讓學員在當下不發言。無論造成學員們不發言的原因是什麼，這都是一個挑戰。另外有些學員也會表現得缺乏參與感。這樣的情況，引導者首先要與沒有參與的學員私下聊聊，找出不參與的原因，引導者可以藉由學員的回應了解該如何進行下一步。許多引導者很難接受現場學員不發言或者一直沉默的表現行為。在有些時候，引導者可能會觀察到個別學員在其他情況下並沒有不發言的行為，例如，活動過程中與團隊其他成員互動較為積極，也有言語交流，只是在活動結束後團隊成員坐在一起時比較沉默，從這樣的表現中，引導者也可以猜測出學員在討論過程中不發言的原因。這樣的情況出現後，引導者可以嘗試運用一些引導技巧，可以讓學員在不發言的情況下參與到交流討論中。

處理方式：

1. 要有耐心，引導者需要了解，適度的沉默並不是壞事，要留給學員思考的時間，等待學員思考後的回應；

2. 用非語言的表達方式回應，讓學員用雙手來表示，豎起大拇指或者讓大拇指朝下、用手指比劃 0 到 10 分等；

3. 讓學員圍成一個圓圈，輪流發言；

4. 書寫式回應，發給學員紙張，讓學員做出書面回應；

5. 兩人一組或三人一組或更多人一組，讓學員相互之間對活動內容進行交流或者主題式討論，並分小組做報告；

6. 引發問題，引導者可以提出一些容易產生爭議性的意見，以激發學員參與；

7. 封閉式問題，在讓學員聽見或者看見，贊同或者不贊同答案與做法時，邀請學員做出簡單直接的回應，然後再進行詢問。

（3）冷淡。

冷淡的表現，很可能是學員對當下的活動或學習內容不感興趣，又或者學員沒有學習或成長的動機。比如有些學員你會從他的表現中感覺出一種內在的聲音：「學這些會有什麼用，反正也不會有什麼差別。」這是面對「學習的無助感」的想法，會讓學員一點也不想學習。

處理學員的冷淡態度、找出阻礙學習或成長的障礙有 4 個步驟幫助學員迴歸正向，繼續進行下去：第一，在活動選擇上，安排一些需要進行多個回合的問題解決活動，讓活動的開展由簡單到困難，循序漸進，在不斷的挑戰與達成任務過程中，讓學員發現其實同一個活動中，自己透過努力改變可以做得更好；第二，透過引導討論，讓學員進行反思與分析，是什

麼原因讓成績變得越來越好，這樣的改變好處在哪裡，再讓學員找出阻止改變的障礙、代價以及成長的優點；第三，思考處理、規避或消減這些障礙的方法，樹立信心，協助學員跨出障礙；第四，放手讓學員們繼續發展。如果還沒有作用，那麼引導者就要學會接受你無法讓每位學員都產生學習或成長的現實，因為有些時候，真的有些學員還沒有做好成長的心理準備。

（4）個人控制。

在學習的過程中，有時候，團隊會被想控制和避免討論一些涉及重大議題的學員所控制。你會發現，雖然團隊的成員們會讓控制者講話，但會對此控制者感到不悅或不滿。如果團隊成員無法處理，這樣的事情就會對學習的過程產生阻礙，團隊成員們探討交流的效率會降低。

如果這種被個人控制的局面，已經直接影響到團隊的學習，就需要引導者介入，在進行引導討論時採取更為直接的方式處理。首先，聆聽控制者所提出來的想法，然後打斷，並進行複述，以確定自己理解了對方的意思。然後，詢問團隊其他人對控制者的想法有無其他看法。這期間，如果控制者又開口插話，引導者可以再次強調剛剛的問題：「其他人對剛剛的意見，有什麼看法？」這樣把話語權交給團隊，有利於討論的開展。其他的做法包括：採用談話棒，只有拿到談話棒的人才能發言；或者用毛線球在團隊成員間進行傳

遞，毛線球傳遞出來的連線，就會顯示發表講話最多的人，這樣的做法，自然會讓控制者減少表達。

（5）不同意或不認同。

當引導者在對團隊進行引導或者介入時，有時會遇到一些學員不同意你提到的某些想法，同時會有自己的不同看法的情況。

出現這種情況，引導者首先就是要聆聽不同意見提出者的看法，嘗試著在其中找到一些共識，有些時候，人們的想法其實是相似的，只是表達的方式不一樣而已。學員在當下有不同的意見或看法時，引導者要理解這是很正常的事情。如果引導者這時能保持聆聽以及認同對方的看法，很可能會探討出一些比較折中的想法，或者在更高一個層面尋找到共識，如雙方都是希望團隊能更好地發展，只是具體做法不同而已等等。引導者要允許團隊有不同的看法，只要是較為正面的看法，就按團隊的想法去進行，這樣做會讓團隊擁有比較正面的積極的態度。不過，如果這個看法對於團隊的影響是負面的，或者是無法幫助到團隊產生效益的，則很可能會給團隊帶來困境，這樣的行為就是不能同意的行為了。

（6）抗拒。

如上面所談到的，當出現學員不同意或不認同的想法，並且他們的想法又對團隊產生較為負面影響的行為時，就算

引導者提供了其他訊息，也進行了相應的探討，試圖找到共識，學員還是不接受、不希望改變時，這時失當行為就變成了抗拒行為。

這樣的學員會很有自己的主見或看法，通常都知道自己的考慮方向，但卻拒絕改變自己的想法。由於這種抗拒可能是有意的，也可能是無意的行為，因此，引導者必須先了解他們抗拒的原因。雖然抗拒是一種失當行為，但是也請引導者注意將這樣的問題盡量交給團隊成員自行處理，因為這很可能會讓對方產生自我覺察，發現學習與改變的機會。

解決抗拒行為，首先需要了解抗拒產生的原因。可以嘗試進行對話：「在之前我進行過很多次這樣的活動，都沒有您所提出的想法，我很好奇，您之所以有這樣的想法的原因是什麼呢？」（如果學員說明後，可以繼續詢問）「剛剛活動中是經歷了什麼讓你有了這樣的看法呢？」（學員再次說明後）「我還是不太明白，可以再多一些解釋嗎？」（學員再進一步做出解釋後）「好的，我稍微總結下，你的意思是……對嗎？」

引導者從這樣的對話中，可以得到很多訊息，以確保對學員所說的內容確定沒有理解錯誤。同時這個對話的過程，更主要的目的是引發學員自身的思考，看看是否能促使學員有新的發現。這個過程中，引導者一定要注意自己的姿態，

要表現出足夠的真誠，要不然，對方很可能不會把真實的想法告訴你。

有的時候，這種抗拒絕光是一兩個學員，甚至會出現整個團隊抗拒的行為，這很可能讓引導者感到極為棘手，這個時候，引導者一定要保持冷靜，不要再增加矛盾，更不要堅持自己的看法而與團隊進行對立抗衡，那樣只能使問題變得更糟糕。這時，引導者繼續邀請團隊做進一步解釋，因為只要你一直表現無法理解他們的看法時，學員就會試圖找到更多的或者不同的方法來解釋他們的看法。這個交流過程，目的就是讓學員對他們所理解的看法，提出不同的想法，進而更了解他們自己。

當學員經過多番的解釋後，還是不願接受或者抗拒新的想法時，引導者可以考慮更為直接的做法，說明如果按他們的想法去做會有什麼代價或不足，讓他們從對立面考慮，去發現新的想法。例如，我們一直強調，在團隊發展過程中，關於團隊成員的培養，不單是要培養出一個好的執行者，如要讓團隊發揮更大的價值，還需考慮將成員培養成問題解決者，但有可能會面對學員不接受這樣的看法。有的團隊會提出，讓團隊領導者去考慮更多的想法，作為團隊成員，只需要聽話、照做就可以了，這樣團隊的運轉效率會更高，如果每個團隊成員都那麼有想法，那光是表達傾聽彼此的想法，

達成所謂的共識，就會浪費大量的時間，這樣效率反而會更低，不利於團隊的發展。（持有這樣想法的人還真不在少數。）這時，引導者可以向對立方直接詢問：「如果這樣做，會有什麼風險或者代價呢？」嘗試著挑戰一下團隊：「這樣做會有什麼不足之處？」接著繼續問：「如果要規避出現的風險或者付出的代價，可以有什麼辦法呢？」也許這時團隊還是不會認同引導者的看法，但至少可以將學員從不願改變又拉回到起點，重新思考新的方法。接下來，引導者就需要進入下一個體驗活動，讓團隊成員透過活動感受到不改變所付出的代價，更好的對策是安排體驗活動讓團隊感受到改變後的好處。

（7）拒絕。

拒絕的行為與抗拒的情況比較相似，不同之處是拒絕是完全不接受引導者的介入行為或者引導。團隊不願意學習或改變的多數原因，很可能來自他們無法看到學習的價值或者意義，又或者是擔心這種改變會給自己帶來極大的挑戰。無論是哪種情況，團隊成員均拒絕承認他們需要學習或者改變，更何況要將所學真正帶到實際工作中。

處理學員明確拒絕的情況，對於引導者相當有難度。引導者在這樣的情況下，可以考慮介入的態度更為坦誠，方式上可以更為直接，同時要更慎重。引導者幫助團隊成員澄清

了彼此的想法後，大家還是拒絕的態度時，可以用提供有限選擇的方式來應對。例如，引導者可以給予學員兩個選擇，說明：「謝謝大家能將想法坦誠的告知與我，在此表示感謝。既然是這樣，那有一個挑戰要交給各位，如果大家繼續堅持你們的看法，沒有必要改變，那我們這個課程就不用再繼續下去了，如果大家覺得還有些可能的，哪怕是覺得稍稍有些需要改變或成長的可能性的話，那我們就還可以繼續，請問大家的選擇是哪一個呢？」這樣的話通常對學員和引導者都是極大的挑戰，很可能現場會面臨沉默的狀態，或者出現直接拒絕改變起身離開的局面。如果是沉默的狀態，這是一個訊號，那還是有機會繼續下去，如果學員一直沉默，這時，引導者可以讓大家稍微休息一下，走動一下，也思考一下，回來再看是否還可以進行下去。如果學員選擇不進行下去了，起身離開，那引導者只需表示感謝，結束課程。

我們必須要了解，引導者並非是萬能的，不是所有的事情引導者都可以解決，像這樣對方明確拒絕成長或改變的狀況，很多時候不是我們能解決得了的。引導者必須要知道自己的能力極限在哪裡，如果真的發生這種狀況，就向大家坦承自己的不足，無法幫到大家，這樣就可以了。因為這樣的失當行為，很可能是外部因素造成的，如組織的體制、文化氛圍、團隊的領導者行為等，這些是引導者無法影響的。引

導者越坦承，就越能讓團隊成員接受，所創造的學習或成長的可能性就會越大，這是引導者的自我修養。

（8）人身攻擊。

在任何情境下，引導者都不能允許有攻擊行為發生。如果真的出現了人身攻擊行為，最實際的解決辦法就是將相關人員帶離現場。適時中斷培訓，引導者必須判斷是否允許這樣的人繼續回到團隊。在過往的實踐經驗中，通常的做法是讓涉事的人員離開團隊不再回來，這是最為謹慎的做法。

❷ 引入 GAME 2 的做法

當面對團隊當下所產生的經驗與失當行為，所有的方式都使用了，還是無效時，引導者可以考慮引入 GAME 2 的做法。

（1）什麼是 GAME 2。

簡單理解，GAME 2 就是引導者引導學員脫離原來的體驗活動所產生的經驗以及處理過程，而是把 GAME 1 以及經由體驗活動所產生的事情，當作一個大的體驗活動，並對這個體驗的過程進行引導討論的過程，就是 GAME 2，為了便於大家理解，圖 6-2 比較直觀地顯示了 GAME 2 的做法。

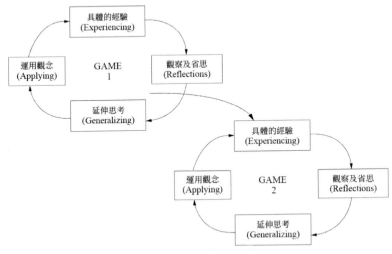

圖 6-2GAME 1 與 GAME 2

（2）什麼時候使用 GAME 2

　　在使用 GAME 2 時，首先引導者要評估團隊當下比較直觀的情況，例如，團隊對剛剛經歷的活動的引導反思過程沒有興趣或者不參與，團隊對於安排的活動不願進行，團隊成員對於當下的學習非常抗拒或者拒絕學習，團隊成員在現場進行人身攻擊、暴力行為等；通俗一點理解，就是在原有培訓過程中，學員不再跟得上既定的學習流程，而是已經脫離了當下學習過程，出現如抗拒、拒絕甚至暴力等失當行為時，都可以考慮引入 GAME 2 的做法。

　　GAME 2 的做法，需要引導者有足夠的勇氣來面對當下所發生的事情，並運用高超的引導討論技術，引導學員對當

下所發生的事情進行反思與觀察，發現其中可能產生學習意義的機會，然後再連結學員過往的生活工作經歷，去思考與總結出有價值的結論，最後幫助學員思考。具體做法是引導者首先邀請大家停下來，然後進行詢問：「請大家先坐下來，各位先停一停，稍微思考一下，剛剛發生了什麼事？」（目的是讓學員能跳出原有的活動經驗，作為旁觀者來思考所生的事情）「我們剛剛在談論什麼？」、「大家的想法是什麼？」、「其他人的看法是什麼？」（讓大家對於剛剛所發生的事情進行反思與觀察）「在你的生活工作中，有沒有類似的經歷發生？」、「具體情況是什麼？」（讓學員回顧過往經歷，產生學習的意義）「請教一下各位，如果我們還要繼續下去，那應該怎麼做會比較容易呢？」（讓學習的價值進行應用上的轉移）

很多時候，學員在當下出現的失當行為都是無意識的，他們會把生活工作中真實的自己帶入到體驗培訓中，這樣的情況是極為真實的，引導者在使用 GAME 2 做法時，要將這種情況視為千載難逢的學習機會，拿學員真實的生活工作的體驗來進行引導反思，也更利於學員自身的成長。更何況，引導者在學習過程中，基本上是很難設計出這樣的情境來幫助學員進行學習的。

█ 其他問題的處置

　　在體驗式培訓中，除了以上所發生的比較典型的失當行為外，還有可能會有其他問題影響學員學習，包括引導者自己、學員所在的組織、外部環境等。

① 引導者自己的問題

　　有些時候，學員在課程中的學習進度、效果表現並不能達到引導者的預期，如果你發現並非是學員或者其他方面的問題，那引導者可能需要思考一下是否是自己的原因。例如，是否是自己安排的活動不太妥當，導致團隊進度太快或者太慢；是否學習內容太多，而安排的時間太少導致難有充足的時間進行實踐；又或者剛好相反，學習內容太少，而活動安排太多，如活動時間太長，而引導討論的時間太少，學員沒有充足的時間對活動經驗進行反思。這些問題，有些是事前準備不夠充分造成的，也有一些是在課程開展的當下因不可預測的原因發生的。不管是哪一種，引導者首先需要花一些時間對團隊進行診斷評估，開訓前要做好訪談，收集第一手資訊，做到事半功倍。另外，在設計課程時要保持足夠的彈性，計畫要依據團隊現場的狀況隨時調整，要照顧到學員當下的學習狀態以及學習需求。當然，引導者自身的能力提升與經驗的累積是解決這個問題最為關鍵的因素。

②. 學員所在組織的問題

（1）培訓目標不一致的問題。

有些時候，學員所在組織提出來的培訓需求，可能會與學員的需求不一致或不匹配。遇到這樣的情況，一方面，引導者需要與培訓方重新進行協商，在共享資訊的前提下，重新設定培訓需求，達成共識；另一方面，引導者原則上要以學員的利益為主，甚至極端一點的情況，就算兩者需求發生了衝突或對立，引導者也必須要將學員的利益放在培訓方的要求之前。雖然這樣做很可能造成短期時間內培訓方的不滿，也會影響引導者短期內的收入，但從長遠來看，引導者會因為自身的真誠與以學習者為中心的理念而被更多的人認可，形成自己的口碑，其收入必然會增加，同時，也使引導者自身更受歡迎。另外，與培訓方溝通時以學員的學習需求為出發點，以學員的利益為先，最終受益的還會是企業，畢竟培訓方之所以要安排培訓，其目的還是希望學員能產生成長與改變，何況最終學員的成長或改變還是會服務於企業。如果沒有辦法改變培訓方的想法，可以考慮將企業的需求告訴學員們，讓大家思考採取什麼樣的方式來解決問題，重新達成共識。

（2）學員人數的變動問題。

體驗式培訓的學習方式，學員人數的多少，會直接影響到引導者採取什麼樣的活動及方式來開展教學。當到達培訓

現場的學員人數與計畫不相符時，會對學習過程造成影響。

　　當參加學習的學員人數比計畫中的人數少時會影響到團體的動能，實踐經驗表現，只要學員是人數不少於 15 人的團隊，對於開展體驗式培訓的影響不會太大，只需要現場調整一些活動以及活動順序就可以解決問題。

　　比較難辦的是當現場參加學習的學員人數遠遠超過計畫中學員的人數時，引導者不光要考慮更改體驗活動以及時間進展，很可能還需要面對培訓場地空間大小的侷限、現場的培訓裝置不足等問題。引導者最好與培訓方進行協商，調整培訓場地用來滿足人數增加的需要。另外，因為學員人數增加到一定程度，協助人員也可能不足，這就需要將大團隊抽成若干個小團隊，如果有更多的分組引導員，就解決了引導者一個人無法引導大量學員在一起討論的問題。如果現場實在沒有足夠的分組引導員，還有一種做法可以嘗試，就是讓一部分人不直接參與活動任務的完成過程，而是作為觀察者的角色加入活動，在活動完成後，進行引導討論時，再讓觀察者向大家報告他們所觀察到的，以及學習心得。期間需要經常轉換一下角色，上一個活動的參與者，可以在下一個活動時作為觀察者。這種做法是借用了引導技術中的「金魚缸」學習法。

3. 外部環境變化的問題

　　有時候我們的培訓會在戶外場地或者野外進行，也會出現天氣、戶外場地、餐飲、住宿、裝置以及交通問題。對於天氣的變化，我們是無能為力的，只能做好事前預測和事中發生天氣變化的備用方案；對於其他後勤支援問題，除了需要事前做好充足的準備，還可以在現場及時與場方進行協商，一起共同解決問題。這樣做會有助於減少外部環境因素對培訓產生的負面影響。

第七章

課程的完結

　　體驗式培訓接近尾聲，透過活動體驗與引導反思，團隊與團隊成員獲得了許多知識與技能的學習，學員在自己內心種下了新的學習種子，成為成長的動力和養分。然而引導者還需要在課程結束時，讓學員彼此確認一下從體驗學習中得到的新發現，思考其意義，將這些學習的內容連繫到今後的生活工作經歷中，這樣就更好地使學習在學員成長經歷中扎根，引導者在課程結束時，要做完這一段才算結束。每一次的課程結束，引導者都必須促使學員重新回顧一下整個學習的過程，協助學員將學習內容進行整理。同時，引導者也要對自己的帶領與安排進行一次領導回饋，這同時也是引導者自我提升的一個很好的學習機會。本章將對體驗式培訓課程結束需要注意的事項以及技巧做出說明。

▋結束課程時所要注意的 3 個關鍵

　　一場培訓課程的結束就如同寫一篇文章一樣，我們需要良好的開始，更需要印象深刻的結尾。一個好的開頭為一場培訓奠定了一個好的基礎；同時，一個印象深刻的結尾將會為整場培訓增色不少。整場培訓結束時，我們需要的是一個句點或者是感嘆號，而不是一個疑問號，引導者需要一個漂

亮而有意義的結尾。

在課程結束前，引導者還是需要請學員對團隊進行狀況評估，關注團隊當下的狀態，這將為引導者選擇結束課程的方法提供依據。如果發現團體的動能偏弱時，要考慮將團隊體的動能提升一下，如開展一個小的身體接觸的體驗活動，讓學員彼此協助放鬆一下，這時候不要立即進入課程回顧的環節；如果發現學員彼此嬉戲、打鬧，有些過於放開，引導者也需要將學員稍稍拉回課程，告知培訓課程的主題，讓學員把焦點放在課程的學習上。

無論引導者如何結束課程，都需要注意 3 個關鍵方面：要有一個絕對充足的時間為課程做一個有意義的結束；要使參與的學員對收穫的知識與技能進行回顧；創造反省的機會，使參與者學員體驗到學習內容並落實於實際工作裡。

1. 課程結束時要有充足的時間

體驗式培訓的特點之一是會開展大量的體驗活動，在臨近課程時間結束時，引導員在安排體驗活動時一定要小心，如果最後安排的活動時間較長，就會很容易讓學員只記住了當下的活動經驗，而忽略了整個課程所帶來的收穫。體驗式培訓課程特點並非是講授，引導者更多的是引導學員發現學習的機會、總結學習收穫。如果不留出充足的時間，學員就

沒有時間進行反思與回顧，對於學習的收穫就很可能來不及進行整理，這是很可惜的事情。所以引導者一定要留出充足的時間用於課程結束。

引導者千萬要注意，不要因為整合活動流程的不當拖長，而使得課程結束時的學習重點沒有得到很好的整理而導致縮水。也不要因為引導者自身課程時間掌握不當而導致課程匆匆結束。就算引導者帶領的團隊規模較大，如 100 人以上的團隊，課程結束時也需要留出時間來對學習過程進行回顧與整理，引導者一個人沒有辦法進行結束時的引導討論，也可以讓學員分組討論，然後小組交流與分享。

❷ 要對參與的學員收穫的知識與技能進行回顧

前面所談到的關鍵是要為課程結束留出充足的時間，第二個關鍵就是利用時間做什麼。這段時間第一個要做的是對學習中的收穫進行回顧。回顧不能操之過急，盡量先交流做了哪些事情，盡量談客觀事實，然後說明讓自己印象最深刻的是什麼，給自己的啟發或者收穫是什麼。這樣做的好處是，每個人對事物的關注點都不太相同，經過彼此的交流，就會讓學員在不同的角度去看待所經歷的事情，既貢獻了自己的收穫，同時也可以從其他夥伴那裡看到、聽到不同的收穫，透過這樣的團體學習，讓個體發現更多的學習機會與學習內容。

❸ 展望未來，使學員將學習內容落實到實際工作裡

留出充足的時間的另一個作用是展望未來，考慮如何將學習收穫運用到實際工作中。課程結束時展望未來，與學習過程中的反思還有些不同，學習過程中的反思內容大多是為了思考下次如何做得更好等等；而課程結束時的展望未來，是要思考如何將這些收穫運用到實際中，將工作做得更好。因此其中一個方法是讓學員制定行動計畫，目標導向會讓學員更有可能執行自己的學習計畫，從而促使改變。

行動計畫的制定需要注意寫下要改變的事情，包括要改變的是什麼？要採取的行動是什麼？為何要採取這樣的行動？在哪裡做？如何安排時間？由誰來監督完成？等等。如果可以，最好能有主管在場，尤其是能支持學員改變的人士在場。

花一些時間與學員進行溝通交流，找到這些想法，大家會提供更有效的回饋，促成改變。有時候，我們不僅要關注個人的成長與改變，還可能要考慮到團隊的成長，比如有一些體驗式培訓課程可能會涉及團隊建立的內容，引導者也可以讓團隊制定行動計畫。

沒辦法做行動計畫的，至少引導者也需要透過這個展望未來的環節，讓學員能現場做出相應的學習承諾，找到可以改變的機會以及做法，這樣也能協助學員，增加其將學習收

穫付諸行動的動力。

　　課程結束時除了需要注意這些關鍵外，有些時候引導者還需要注意觀察現場學員是否還有些疑問，詢問一下大家有什麼需要了解的，有什麼問題還需要解答的。不要忽略團隊當下每一個學員，做到對每一位學員的尊重。

④ 熱鬧、歡樂、動感地結束

　　引導者在帶領學員做完以上所提到的回顧與展望的事情之後，就可以真正結束課程了，通常我們需要一個較為歡樂的結束，這樣的做法，比較容易讓學員印象深刻，留下一次難忘的回憶。

　　具體的做法有很多種，引導者需要掌握一些歡樂、動感的體驗活動，以便於在此環節使用。例如，「團體動力圈」這樣的活動，具體做法：邀請學員一起轉動繩圈，大家會發現所有夥伴都朝著一個方向努力轉動繩圈時，每個人只需要施加一點力量，就可以讓繩圈動起來。甚至，你不需要施加力量，只需要扶住繩子，跟著繩圈朝一個方向轉動時，繩圈也會揮舞起來，這就是團隊的力量，請大家把這樣的力量帶回到工作中去，讓它發揮更大的力量。這樣的活動非常適合放在課程結束時，為大家創造一個印象深刻的體驗，並且充滿樂趣！

▌學習經驗的強化

在課程結束時,引導者還可以協助學員對學習的經驗進行強化。以幫助學員在他們的腦海裡不斷回想起學習的經驗,不斷更新經驗。這樣有助於學員整合他們的知識。具體可供參考的做法以下:

▸ 課後給予學習資料,幫助學員回顧所學;

▸ 課程結束時,贈予紀念品,如照片、影片、紀念衣等;

▸ 為學員發送感謝函,用以感謝大家的全情參與;

▸ 將大家在課程上所發生的事情,所談到的學習收穫做成簡報,發給每人一份,讓學員有機會進行回顧;

▸ 課後組織學習分享研討會;

▸ 建立學習通訊社群,提供答疑與交流學習平臺;

▸ 將學習的收穫與內容,做成報告,向公司進行彙報;

▸ 邀請引導者與學員們做一次交流;

▸ 教授學員引導反思的技巧,讓學員學員自我引導。

▌引導者的回饋

引導者在體驗式培訓課程結束後,對自我回饋以及尋求他人對自己的回饋,將是引導者自我改善與提升的最好時

機。這個回饋的過程極有可能提供引導者非常有用的客觀建議與意見回饋，以幫助引導者自我成長。

這需要有一個良好心態，就是引導者要將回饋當成一份給自己的禮物。這個過程中的具體操作方式是更多地提出學習型問題：引導學習過程中，做得好的地方是什麼？還可以再好一點的是什麼？將回饋的焦點更多地放在正向方面，立足於對未來的改變上。首先是引導者對自己的回饋，其次，可邀請你的協助者或者教練者給引導者回饋。

回饋可以涉及以下範圍：

▸ 體驗式培訓課程前的準備程度；

▸ 課程目標的達成情況；

▸ 時間安排情況，包括活動時間與引導討論時間分配；

▸ 現場引導反思與課程內容的相關性；

▸ 培訓行政、後勤支援情況，包括場地、裝置、器材等；

▸ 課程中有效的部分與原因；

▸ 課程中哪些部分可以更有效；

▸ 如果再來一次，可以做哪些具體調整。

結語

　　隨著文章寫到此，整本書也就要結束了。體驗式培訓的引導者需要了解，這樣的學習並不是萬靈丹，我們不能治療所有學習與培訓的弊病。然而，營造一個有趣的環境使學員彼此合作、溝通、信任、建立團隊與培養領導力等就是體驗式培訓的強項，而且這種透過體驗學習的方式來發現自我、探索自我與團隊的價值，正是目前許多其他培訓形式所不具備的特點。而且，隨著引導者操作體驗式培訓課程越來越多，你會發現，引導者只需要稍加訓練就可以開始你的體驗式培訓課程的引導，這是一種極為接近生活形態的學習方式，這種方式會使學員與引導者在學習過程中受益匪淺。

　　引導者的成長不一定來自天賦的特質，很多時候都是自身用心練習的結果。很多人以為引導者需要口才好、外向，但事實並非如此。雖然口才好、外向等都有助於活動帶領，但在這些年我在做引導員訓練時發現，最重要的還是你要是個有心人，並且有足夠的意志力堅持不斷地練習這項極為接近藝術的工作。對於體驗培訓的引導者，最重要的天賦就是不斷地用心練習，並從中得到回饋，加以改進。期間如果還

結語

　　能得到一位良師或者教練來輔佐，那你就可以得到體驗式培訓引導的深層智慧。

　　Let's go ！開始你的體驗式培訓的引導吧，讓我們一起玩得開心！

參考文獻

[01] 大衛・庫伯,《體驗學習：體驗 —— 學習發展的源泉》
[M],1984

[02] 吳兆田,《引導反思的第一本書》[M],2012

[03] Simon Priest, Ichael Gass, Lee Gillis.《引導技巧的9堂課》
[M],張德忻、江真、徐國鋒譯,2009

[04] 4. 陽志平、彭華軍,《積極心理學 —— 團體活動課操作
指南》[M],2016

[05] [美] 沃倫・貝格爾,《絕佳提問 —— 探詢改變商業與生
活》[M],2014

[06] 蔡居澤、廖炳煌,《探索教育引導技藝培訓手冊》[M],
2007.1

[07] 蔡居澤、廖炳煌,《創意探索教育設計與實施》[M],
2008

[08] 謝智謀、王貞懿、莊欣瑋,《 體驗教育：從150個遊戲
中學習》[M],2010

[09] [美] 梅若李・亞當斯,《改變提問,改變人生》[M],秦
瑛譯,郝君帥審校,2015

[10] [美] 麥可·威爾金森,《引導的祕訣》[M], 甄進明、朱慶、石天路譯,2014

[11] [美] 肯尼斯·布蘭佳等,《更高層面的領導》[M],2008

[12] [美] 麥可·馬奎特,《問對問題,做對事:高效能人士的有效溝通》[M],扈喜林譯,2010

[13] [美] 簡·麥戈尼格爾,《遊戲改變世界》[M],閭佳譯,2012

[14] Deborah A.Sugerman, Kathryn L.Doherty, Daniel E Garvey, Michael A Gass,《反思學習:理論與實務》[M],謝智謀、吳崇旗等譯,2009

[15] [加拿大] 布萊恩·史坦菲爾,《學問》[M],陳淑婷、林思玲譯,2010

[16] [新加坡] 帕拉布·耐度、賴美雲,《SPOT 團隊引導》[M],唐長軍、郝君帥、張慶文譯,2014

電子書購買

爽讀 APP

國家圖書館出版品預行編目資料

體驗式培訓，活化思維的討論技巧：從 APPLE
模型到 DDADA 流程，剖析領導活動的智慧與策
略 / 夏雄武 著 . -- 第一版 . -- 臺北市：財經錢線
文化事業有限公司 , 2024.05
面；　公分
POD 版
ISBN 978-957-680-866-1(平裝)
1.CST: 教學法 2.CST: 教學活動設計
521.4　　113004537

體驗式培訓，活化思維的討論技巧：從 APPLE 模型到 DDADA 流程，剖析領導活動的智慧與策略

臉書

作　　　者：夏雄武
發 行 人：黃振庭
出 版 者：財經錢線文化事業有限公司
發 行 者：財經錢線文化事業有限公司
E - m a i l：sonbookservice@gmail.com
粉 絲 頁：https://www.facebook.com/sonbookss/
網　　　址：https://sonbook.net/
地　　　址：台北市中正區重慶南路一段六十一號八樓 815 室
Rm. 815, 8F., No.61, Sec. 1, Chongqing S. Rd., Zhongzheng Dist., Taipei City 100,
Taiwan
電　　　話：(02) 2370-3310　　傳　　真：(02) 2388-1990
印　　　刷：京峯數位服務有限公司
律師顧問：廣華律師事務所 張珮琦律師

定　　　價：375 元
發行日期：2024 年 05 月第一版
◎本書以 POD 印製